DESISTIR
uma estratégia de vida

Título original: *Quitting: A Life Strategy*

Copyright © 2023 by Julia Keller

Desistir: uma estratégia de vida

1ª edição: Março 2024

Direitos reservados desta edição: CDG Edições e Publicações

O conteúdo desta obra é de total responsabilidade do autor e não reflete necessariamente a opinião da editora.

Autora:
Julia Keller

Tradução:
Sandra Martha Dolinsky

Preparação de texto:
Cínthia Zagatto

Revisão:
Jacob Paes
Larissa Robbi Ribeiro

Projeto gráfico e diagramação:
Gabriel Silva

Capa:
Dimitry Uziel

DADOS INTERNACIONAIS DE CATALOGAÇÃO NA PUBLICAÇÃO (CIP)

Keller, Julia
 Desistir : uma estratégia de vida : o mito da perseverança – e como a nova ciência de desistir pode libertar você / Julia Keller ; tradução de Sandra Martha Dolinsky. — Porto Alegre : Citadel, 2024.
 256 p.

Bibliografia
ISBN 978-65-5047-420-1
Título original: Quitting – A Life Strategy

1. Autoajuda 2. Desenvolvimento pessoal 3. Perseverança I. Título
II. Dolinsky, Sandra Martha

24-0643   CDD - 650.14

Angélica Ilacqua - Bibliotecária - CRB-8/7057

Produção editorial e distribuição:

contato@citadel.com.br
www.citadel.com.br

Julia Keller

DESISTIR
uma estratégia de vida

o mito da perseverança – e como a nova ciência de desistir pode libertar você

Tradução
Sandra Martha Dolinsky

2024

Para Annie Kate Goodwin
1986-2019

Você não pode traçar linhas e repartições e se recusar a ir além delas. Às vezes, precisa usar fracassos como trampolins para o sucesso. É necessário manter um bom equilíbrio entre esperança e desespero. No fim, é tudo uma questão de equilíbrio.

– ROHINTON MISTRY, *Um delicado equilíbrio*

Não importa quão longe já tenha ido no caminho errado: volte atrás.

– PROVÉRBIO

SUMÁRIO

INTRODUÇÃO..11

PARTE UM. Desistir: está tudo em sua cabeça..........33
Capítulo 1. O que pássaros, abelhas e ginastas podem
nos ensinar sobre desistência.....................................34
Capítulo 2. A neurociência do "para mim, chega!".....52
Capítulo 3. Jennifer Aniston pede demissão – a bela
arte de dizer "fui"..70

**PARTE DOIS. Como "desistir" se tornou um palavrão –
e por que isso importa**..85
Capítulo 4. Vendendo perseverança.........................86
Capítulo 5. Sorte e desapego: coisas acontecem......109
Capítulo 6. Fazendo do mundo um lugar melhor
– um "para mim, chega!" de cada vez.......................126

PARTE TRÊS. Desistência: um guia prático..............137
Capítulo 7. O quase desistir: uma pausa e
uma guinada...138
Capítulo 8. Desistir e o caminho para o sucesso
no trabalho..154
Capítulo 9. A culpa do desistente: e se eu decepcionar
as pessoas que amo?...174
Capítulo 10. Desistir a céu aberto...........................193
Capítulo 11. Uma comunidade de desistentes..........208

POSFÁCIO...229
AGRADECIMENTOS..236
NOTAS..237

Introdução

Ao não fazer nada, não mudamos nada. E, não mudando nada, nós nos apegamos ao que conhecemos, mesmo que sejam as grades de nossa própria prisão.
JOHN LE CARRÉ

DESISTIR É UM ATO DE AMOR.

É também uma saída de emergência, um tiro no escuro, um atalho, um salto na imaginação, um punho erguido em resistência, uma graça salvadora e um desastre em potencial, porque pode sair pela culatra de maneiras espetaculares, sabotar carreiras e explodir relacionamentos. Pode arruinar sua vida.

E pode salvá-la também.

Apesar de tudo, é um gesto de generosidade em relação a si mesmo e ao futuro, uma maneira indireta de dizer: "Isso não. Agora não. Mas... depois... *algo diferente*".

Talvez você não veja a desistência de uma maneira tão positiva. Eu entendo. Durante muito tempo, também não via. Na verdade, isso não expressa *nem de longe* como eu enxergava a hipótese de desistir enquanto estava sentada, de pernas cruzadas, no chão de linóleo sujo de um apartamento em Morgantown, Virgínia Ocidental, em uma noite memorável, aos prantos, atormentada pela necessidade de uma mudança drástica, mas temendo o julgamento que isso acarretaria, sem saber como conseguiria suportar os próximos dez minutos, muito menos o restante da minha vida.

Mais tarde, essa situação me faria rir. Anos depois, eu faria piadas: "Me imagine aos dezenove anos, encolhida no chão, chorando muito e usando uma toalha de banho para assoar o nariz, porque um lenço de papel não dava conta. Muito *drama queen!*".

Ao entreter amigos com a história de minha incursão inicial no doutorado, quando tive que sair de casa e morar sozinha pela primeira vez, eu usava palavras como "desconsolada" e "desolada" junto a termos melodramáticos como "desespero insondável". Revirava os olhos e ria da velha imagem tola de mim mesma.

Mas, no momento em que estava acontecendo, eu não ria. Porque não era divertido. Tirar sarro da lembrança era uma maneira de amenizar o sofrimento puro da situação: de verdade, eu me sentei no chão sujo com uma toalha gigante e chorei, oprimida por uma desesperança tão intensa que mal conseguia respirar. As aulas da Universidade de West Virginia haviam acabado de começar; eu trabalhava lá como assistente de ensino de pós-graduação enquanto fazia doutorado em Literatura Inglesa. E, como você já deve ter deduzido, as coisas não iam bem.

Eu estava sozinha e desesperada de saudades de casa. Odiava minhas aulas, tanto as que assistia quanto as que lecionava. Odiava a universidade. Odiava meu apartamento. Odiava Morgantown. Resumindo, odiava tudo – em especial a mim mesma. Porque acreditava que deveria ser capaz de enfrentar aquilo. Em tese, o doutorado parecia perfeito. Mas, no mundo real, a história era diferente. Eu não conseguia controlar a torrente de emoções negativas. E desistir não era uma opção. Desistir significaria ser uma perdedora.

Uma medíocre.

Um fracasso.

Naquela noite – a noite da toalha gigante –, eu havia chegado ao fundo do poço emocional. Tentei sair uma, duas, três vezes, mas fiquei presa. Desisti e liguei para casa. Meu pai atendeu.

– Não consigo – disse eu, soluçando e fungando. – Só não consigo.

Eu esperava que ele respondesse: *Não seja infantil. Vá fundo, você se tornará uma pessoa melhor.* Mas meu pai, um professor de Matemática que, em circunstâncias normais, era um capataz durão, sem dó de chorões, deve ter percebido que incentivo e firmeza – *Pare com isso, bebê chorão!* – não eram do que eu precisava naquele instante.

Com uma voz estranhamente gentil, ele respondeu:

– Chego aí em três horas.

Passei o mês seguinte mais ou menos encolhida em meu quarto, na casa onde cresci, com medo de que, se meus amigos descobrissem que eu havia voltado – que eu havia desistido da bolsa de estudos e fugido –, ficaria marcada como desistente. E talvez condenada ao ostracismo. Portanto, decidi me antecipar e me excluí.

Aos poucos, comecei a me sentir melhor. Candidatei-me a estágios como redatora. Acabei em Washington, DC, trabalhando para o jornalista investigativo Jack Anderson. Isso, por sua vez, me levou a arranjar um emprego em um jornal de cidade pequena, o que me levou a um jornal maior. Por fim, acabei no *The Chicago Tribune*, onde meu trabalho ganhou o Prêmio Pulitzer.

Mas, enquanto estava sentada naquele chão pegajoso, com uma toalha em uma mão e um telefone na outra, apavorada ao pensar em ligar para casa e jogar tudo para o alto, eu queria aguentar firme. Invoquei a lembrança de cada discurso motivacional que já havia ouvido, cada aforismo brilhante. Tentei ser minha própria chefe, dizer a mim mesma palavras estimulantes e firmes:

Você consegue!

Mas não conseguia.

E, assim, desisti.

* * *

Se eu tivesse que escolher o catalisador para este livro, apontaria o dedo para bem ali: naquela noite em Morgantown, sentada no chão, derrotada, tremendo de soluços e imaginando o que seria de mim.

Desistir era instinto de sobrevivência puro e simples. Mas, antes que eu pudesse sequer pensar nisso, tive que ignorar uma tonelada de mensagens poderosas, aquelas que dizem que desistir é coisa de fraco, de covarde, e é vergonhoso – mesmo quando estamos emocional e espiritualmente vazios. Minha mente e meu corpo me ofereciam sinais nítidos e inconfundíveis de que eu não estava pronta para o doutorado naquele momento. Mais tarde, sim: eu o concluí na Universidade Estadual de Ohio. Mas não em Morgantown. E não naquela época.

Dias melhores acabaram surgindo, mas só depois que pisei no freio e me recuperei um pouco; e enfim segui em frente – bem, talvez de lado – quando chegou a hora certa. Só depois de me censurar por ser uma idiota. Só depois de me xingar de tudo que era nome feio:

Fracassada. Cagona. Idiota. Um lixo.

Só depois de ficar trancada no quarto durante um tempo, estremecendo quando me olhava no espelho. Porque o que eu via era uma garota que não tinha coragem; que não perseverava; que não conseguia atender às expectativas.

Mais tarde, comecei a me perguntar: por que eu me submeti a essa provação? Não à provação de *ir* para o doutorado, e sim ao inferno psicológico que se seguiu com a decisão de *largá-lo*. Por que me afundei em uma autoaversão tão feroz? As coisas já não estavam ruins o bastante?

Eu entendia *por que* me sentia daquele jeito – desistir cheirava a capitulação, a rendição –, mas não conseguia descobrir onde essa noção estranha havia se originado. Quem disse que é desaconselhável desistir? Quando, onde e por que surgiu essa ideia?

Os animais com quem compartilhamos o planeta não vivem oprimidos por um viés antidesistência. Eles mantêm o foco no prêmio: a sobrevivência. Se uma atividade não está dando certo, se não está fornecendo sustento, eles desistem sem olhar para trás. Eles *têm* que desistir, se quiserem viver. Gastar energia em uma busca fútil os deixa exaustos, portanto, vulneráveis a predadores. E nós, seres humanos, agimos da melhor maneira quando fazemos o mesmo; quando reavaliamos estratégias que não nos levam a lugar nenhum; quando procuramos mudanças com a frequência necessária.

No entanto, acontece que os ditames culturais ordenam com firmeza o oposto: *faça o que fizer*, não desista. As histórias que aprendemos na escola, do folclore americano à mitologia grega, reforçam essa lição. Paul Bunyan, conhece? E John Henry e seu martelo? O pobre Sísifo continua empurrando aquela pedra morro acima, mesmo sabendo que ela vai rolar de novo para baixo. Eternamente.

Exceto no caso de maus hábitos – fumar, usar drogas ilegais, beber álcool em excesso, abusar de pasta de amendoim –, desistir não é recomendado. "Desistente" é um insulto, um deboche maldoso, uma provocação dolorosa que nunca perde seu poder de ferir, mesmo bem depois de termos saído dos pátios das escolas. Desistir tem um lugar único – e sempre negativo – no panteão do comportamento humano. É separado de todo o restante e ganha difamação especial. Raramente é tratado como uma manobra comum, a ser implementada na rotina, quando determinada situação não está funcionando.

Quanto mais eu pensava sobre isso, mais estranho tudo me parecia. Porque, para muitas pessoas, tanto agora quanto ao longo da história, desistir provou-se uma estratégia inteligente, tão eficaz para o *Homo sapiens* quanto para ratos e pássaros. Por mais que relutemos a admitir, desistir *funciona*. Para muita gente, a vida melhora quando muda de direção, quando se renuncia a velhos comportamentos e se adotam novos. Sem a vontade de parar e avaliar, continuaríamos tropeçando na mesma direção, sem que a viagem nos leve aonde queremos ir; mesmo que, de fato, ela nos deixe infelizes. A maioria das pessoas sente quando chega a esse ponto e precisa parar. Então, por que não fazemos isso com mais frequência? Por que, dada sua utilidade em melhorar a vida, desistir tem uma reputação tão ruim?

Para alguns, a palavra "desistir" soa repugnante e fraca. Mas suas raízes não são negativas. A etimologia é meio obscura, mas um dos melhores palpites é de que vem de *quietare*, verbo em latim para "descansar", e, como todas as palavras, evoluiu ao longo do tempo, ganhando nuances de outras línguas e culturas. Segundo os dicionários, desistir significa "não prosseguir", "abster-se" e "abdicar, renunciar". Nenhuma dessas palavras me parece mansa. Parecem decisivas. Voltadas adiante. Libertadoras.

* * *

Para chegar ao fundo da questão da desistência, fiz o que sempre faço, não só como jornalista, mas também como um ser humano incessantemente curioso (talvez alguns digam "obstinadamente intrometida e irritante"). Perguntei a quase todos que conheço: *Qual foi a coisa mais significativa da qual você já desistiu? E* depois: *Você se arrepende?*

Incomodei amigos, familiares, colegas, vizinhos, estranhos na fila da Starbucks, pessoas caminhando com cães no parque. E essas pessoas me puseram em contato com seus amigos, colegas e familiares, gente que fez todo tipo de mudança na vida, apesar da cascata de fortes recomendações no contrário – conselhos de vida que nos inculcam desde que nascemos: *Continue! Vencedores nunca desistem, e quem desiste nunca vence! Aguente firme! Não desista! Enquanto não desistir, haverá esperança!*

Ninguém – nem uma única pessoa das cerca de 150 a quem fiz essa pergunta – jamais disse: "Não, lamento, mas não consigo pensar em nada". *Todo mundo* tinha uma história de desistência. E todos queriam falar sobre isso. Estavam animados para participar, um indício de como esse tema é importante em nossa vida. Temos vergonha das vezes que desistimos, mas, mesmo assim, no fundo, reconhecemos o poder da desistência para agitar as coisas, nos fazer mudar, nos ajudar a seguir em frente. Adorei ouvir histórias que mostravam como a decisão de desistir permitiu a tomada de novas direções; às vezes com resultados positivos, às vezes não – porque nada é garantido na vida –, mas sempre com esperança de um amanhã melhor.

Muitas dessas histórias estão neste livro.

No decorrer do caminho, mergulhei fundo no que gosto de chamar de *O curioso mundo da desistência*. Comecei com as nuances do comportamento animal, entrevistando neurocientistas, biólogos evolucionistas e psicólogos – ou seja, pesquisadores que estão decididos a elucidar o complexo mistério da desistência: o que acontece em nosso cérebro quando abandonamos uma ação? A seguir, expandi o alcance de minha investigação para fontes que iam desde livros de autoajuda e vídeos no YouTube, sobre a falácia do custo irrecuperável de afundar e perder uma oportunidade, até artigos sobre o modismo de *coaches* de vida e a arquitetura da escolha – porque, acima de tudo, desistir é escolher.

Eu me perguntava de onde tiramos nossas convicções sobre a desistência. Por que a evitamos com tanto empenho e, quando *conseguimos* desistir, por que nos sentimos culpados?

A verdade é que, se não fosse a desistência, teríamos pouquíssimo conhecimento científico – o aumento desse conhecimento exige o constante abandono de conceitos que são substituídos por novas descobertas. Desistir está no cerne do avanço intelectual. E se nos recusássemos a abandonar uma ideia diante de informações atualizadas que provam que ela é falsa? *As doenças são causadas por espíritos malignos que assombram o corpo. Estou com um pouco de dor aqui, alguém conhece um bom exorcista?*

Tim Birkhead, cientista britânico cujos livros tornaram o mundo dos pássaros maravilhosamente acessível, diz o seguinte: "Quando os cientistas testam de novo as ideias de outra pessoa e descobrem que a evidência é consistente com a noção original, a ideia permanece. No entanto, se outros pesquisadores [...] encontram uma explicação melhor para os fatos, os cientistas podem mudar de ideia sobre o que é verdade. Mudar de ideia à luz de novas revelações ou melhores evidências é o que constitui o progresso científico".

Mas, quando se trata de nossa vida e das decisões que tomamos, desistir ainda é desaprovado, rotulado como o último refúgio do perdedor. Talvez desistir, abandonar, pedir demissão seja um pouco mais aceitável hoje que nos últimos anos, graças a uma pandemia que nos fez questionar o objetivo de empregos sem alegria e com chefes malvados, mas ainda não se vê exatamente como um avanço na carreira. Você não costuma encontrar "desistente em série" entre as habilidades profissionais em perfis do LinkedIn.

O objetivo deste livro, portanto, não é apenas trazer as últimas novidades das linhas de frente na ciência da desistência, mas também explorar como fomos enganados pela ideia da perseverança. Quando e por que desistir se tornou sinônimo de fracasso? E quanto a pessoas que *desistem*, mesmo diante da pressão cultural para continuar, independentemente de qualquer coisa, como conseguem? Essas histórias podem ajudar você a aprender a bloquear as mensagens ameaçadoras da mídia e os itens intimidadores de muitos livros de autoajuda, que pregam a perseverança como uma estratégia imprescindível, que nunca falha.

Mesmo que você escolha *não* desistir, a decisão deve ser sua, e não baseada na ideia de outra pessoa sobre o que constitui uma vida corajosa e significativa.

* * *

Muito bem: onde tudo começou? Como nos convencemos da ideia de que a determinação é virtuosa e a desistência é um pecado?

Uma fonte importante, claro, é aquela ideia incômoda conhecida como ética protestante do trabalho. "Tratar a coragem como virtude é uma relíquia da Reforma Protestante", diz Adam Grant, professor da Wharton School da Universidade da Pensilvânia e autor de muitos livros *best-sellers* sobre transformação pessoal. É "parte do sonho americano", segundo ele.

E não só do americano. Outras nações também colocam a perseverança em um pedestal. Afinal, se não fosse um ideal tão arraigado, a recente minirrevolta contra ela não seria tão interessante. Como observa o ensaísta Charlie Tyson: "Desde o movimento Tang Ping na China até os protestos contra as mortes por excesso de trabalho no Japão e na Coreia do Sul, há uma crescente indignação nos países ricos em relação aos ideais desumanos de trabalho". Ele soma Suécia e Finlândia à lista de países que relatam números surpreendentes de trabalhadores que sofrem de *burnout* induzido pelo trabalho – surpreendente, porque, durante muito tempo, as pessoas apenas não desistiam, e os atributos positivos da resistência sobre-humana eram banalizados. Em um ensaio de 2021 publicado no *The New York Times,* Cassady Rosenblum narra sua trajetória: de produtora de rádio, operando na "cacofonia do ciclo de notícias de 24 horas", a uma pessoa serena observando a vizinhança: "O trabalho se tornou intolerável. Descanso é resistência".

Bem, talvez. Mas não é tão simples. Se a perseverança não tivesse ainda uma influência tão poderosa em nosso imaginário, não estaríamos lendo matérias de pessoas decididas a rejeitá-la. "De repente, falar de perseverança – ser apaixonado por objetivos de longo prazo e mostrar resistência para persegui-los – parece estar em toda parte", escreveu o psicólogo cognitivo Daniel Willingham em 2016, quando o movimento de perseverança começou a ganhar ainda mais força cultural. As lições permanecem: se desistir, você fracassará; se continuar ralando, vai colher os frutos – mesmo que nem sempre acabe assim na vida real: algumas pessoas trabalham incessantemente e vão à falência, ao passo que outras se divertem e ficam ricas. Mas ainda estamos preparados para acreditar no simples poder de causa e efeito da perseverança.

Como você descobrirá neste livro, essa glorificação da coragem não deixa de ter um lado sombrio. A campanha contra a desistência tem um passado conturbado, uma história complicada e até um tanto sinistra. Existe uma *razão* para que a decisão de desistir seja tão insultada, a qual pode ser rastreada e questionada. A celebração da perseverança como fonte infalível de felicidade e satisfação não aconteceu *por acaso*; podemos retroceder até o lugar onde emergiu, de um emaranhado de cultura e economia. Nossas atitudes positivas em relação à perseverança foram deliberadamente cultivadas. A perseverança nos é vendida como carros, flocos de milho e smartphones.

E isso é uma pena, porque podemos transformar nossa vida de maneira positiva quando trocamos um destino por outro. Quando decidimos que as coisas precisam mudar, desistir é o primeiro passo (e isso se aplica também ao mundo como um todo; para garantir o futuro do planeta, sabemos que temos que desistir dos combustíveis fósseis e adotar novas estratégias criativas e inovadoras para a produção de energia). Enquanto não conseguirmos parar e repensar a vida, ficaremos presos em um lugar onde sabemos que não queremos estar.

Talvez você conheça algumas pessoas assim – incluindo você.

Talvez tenha enfrentado isso ao pedir demissão do emprego. Um número sem precedentes de pessoas nos Estados Unidos fez isso nos últimos anos, pois a pandemia nos obrigou a reavaliar prioridades. Nos primeiros oito meses de 2021, trinta milhões de americanos pediram demissão – o maior índice em vinte anos, desde que o Departamento de Trabalho dos Estados Unidos começou a computar os números. Não se passa uma semana, desde 2020, sem que alguém entregue seu crachá da empresa e diga com alegria: "Até nunca mais, otários!".

Mas a razão de ouvirmos essas histórias é justamente por serem tão incomuns. A pandemia deu ao ato de desistir um breve prestígio. "A Grande Demissão" teve uma grandiosidade altiva, mas encaremos os fatos: a ideia geral em relação à desistência continua sendo o que sempre foi – algo a ser evitado. Algo a que só perdedores preguiçosos se entregam, em busca de ficar cochilando em frente a uma televisão com o colo cheio de farelos de salgadinhos. Desistir ainda carrega um estigma, um mau cheiro. Se você abandonar sua igreja, a aula de ioga, um partido político, a dieta vegetariana ou seu casamento, ainda será julgado. Desistir ainda provocará uma reação rápida dos amigos e talvez de sua mãe – talvez especialmente de sua mãe: "O que você tem na cabeça? Pelo menos *tentou*?". Todo mundo já ouviu a velha máxima: não largue um emprego (ou um caso de amor) enquanto não tiver outro engatilhado.

Ainda nos informam com frequência – via podcasts e mães – que desistir é prova de um caráter fraco, de falta de iniciativa e seguir adiante. Desistir significa que você nunca será bem-sucedido, que nunca será alguém. (Muitas pessoas que entrevistei para este livro falavam com satisfação que pediram demissão de um emprego, que se divorciaram ou mudaram o curso da vida de uma dúzia de maneiras diferentes, mas não gostavam da palavra "desistir". *Eu não desisti* de nada, diziam, bufando. *Apenas troquei uma situação por outra, ok? Ok.*)

Por outro lado, a perseverança ainda ostenta uma excelente reputação. É elogiada nos podcasts que a mencionam, em vários discursos motivacionais, em infinitas palestras no YouTube e uma eternidade de TED Talks, do tipo que obtém milhões de visualizações. Slogans que a exaltam são estampados na academia. A autoajuda é um ramo de negócios robusto, mundial, que fatura cerca de onze bilhões de dólares ao ano. Livros que recomendam coragem são *best-sellers*, pois declaram com entusiasmo que a obstinação é boa e que desistir é ruim. *Muito* ruim. Seu destino, sustentam esses manifestos, está por completo em suas próprias mãos. Se trabalhar duro, seguir um plano rigoroso e, acima de tudo, não desistir, você vencerá. Mas, se desistir, fracassará. *Merecidamente.*

Desistir é apresentado como um extremo, um último recurso, um ponto sem volta. Se você se permitir fazer isso muitas vezes, será conhecido como um fracassado, desistente, vagabundo, covarde, mesmo que desistir seja tudo o que você precisa fazer. A desconexão entre os benefícios de desistir e a má reputação de fazer isso chega a ser chocante. Não é de admirar que a desistência ocupe um espaço enorme em nossa psique – tanto individual quanto coletiva – e influencie a maneira como vemos a nós mesmos e nosso mundo. Você pode *sentir* que é certo desistir, mas vai *parecer* errado.

Até os famosos passam por isso.

* * *

Scottie Pippen é um campeão. Mas, apesar de tudo que conquistou em uma carreira espetacular de dezessete anos, em sua maioria no Chicago Bulls, o ex-astro da NBA ficou marcado – ao que parece, para sempre – pelo odioso apelido de: "Quittin' Pippen" (Pippen Desistente). Durante entrevistas para promover seu livro de memórias de 2021, *Unguarded,* foi repetidamente inquirido sobre um único incidente de *quase três décadas atrás* – o que sugere que nosso ressentimento da ideia de desistir não tem data de validade.

Aconteceu em 1994, no terceiro jogo das semifinais dos *playoffs* da NBA. O adversário era o New York Knicks. Com 1,8 segundo restante em um jogo empatado, Pippen se recusou a voltar à quadra após um pedido de tempo, porque o técnico do Bulls, Phil Jackson, havia escolhido Toni Kukoc para dar o arremesso final. Irritado pelo desprezo, Pippen ficou amuado. (Kukoc acertou o arremesso e os levou à vitória, o que não deve ter ajudado no humor do colega.) Ele passou a ser conhecido não como o atleta superlativo que é, e sim como um desistente.

Mesmo quando o mundo é mais solidário em relação à decisão de um atleta famoso de desistir, ainda se sente no direito de julgar. Ash Barty era a tenista número um do mundo quando, de repente, desistiu do esporte aos 25 anos. A colunista Emma Kemp elogiou a australiana pela decisão corajosa, mas observou: "Ninguém fora de seu círculo íntimo esperava por isso". O anúncio de Barty no Instagram teve um tom defensivo, como se estivesse preparada para bloquear as bolas antes mesmo de cruzarem a rede: "Só sei que estou absolutamente exausta; só sei que, fisicamente, não tenho mais nada para oferecer".

Alguns meses antes, com o "eu desisto" ouvido no mundo todo, Simone Biles se retirou das Olimpíadas de 2021 citando preocupações com sua saúde mental. É verdade que muitas pessoas no Twitter e em outras plataformas declararam apoio a ela, mas esses comentários foram divulgados porque *muitos* outros – incluindo Piers Morgan, o azedo apresentador de televisão britânico – rosnaram o oposto: que, ao desistir, Biles estava sendo antipatriótica e egoísta; que estava decepcionando seu país, sua equipe, e desperdiçando seu surpreendente talento.

DESISTIR

Voltaremos a Biles e seu movimento tão corajoso no Capítulo 1, mas, por enquanto, vamos focar na decisão de desistir e como ela muda para sempre a imagem pública de alguém. Não importa o que aconteça com Biles ou Barty no futuro, será essa a pergunta que elas enfrentarão em todas as entrevistas: "Por que você desistiu?" em vez de "Como se tornou uma grande atleta?".

Andrew Luck se identifica com isso. Ele deixou os fãs de futebol americano perplexos – e provocou comentários nada lisonjeiros na arena sanguinária conhecida como rádio esportiva – quando abandonou de súbito a carreira, sendo um dos principais quarterbacks da NFL em 2019. Antes de Luck, os lendários atletas Sandy Koufax, Barry Sanders e Bjorn Borg abandonaram a carreira muito antes de suas habilidades terem diminuído a ponto de não poderem mais competir (para um atleta profissional, chamam isso de "aposentadoria", mesmo que tenham apenas 29 anos, como tinha Luck). No nível de fama e realização deles, desistir é uma decisão cataclísmica. Significa que precisarão se reinventar de cima a baixo: "Desistir foi um ato de imaginação e emancipação", escreveu a biógrafa de Koufax, Jane Leavy, sobre a decisão do craque canhoto de se afastar da Major League Baseball. "Exigiu a capacidade de conceber uma existência tão plena e importante quanto a que ele havia conduzido publicamente".

Greta Garbo é conhecida, hoje em dia, tanto por abandonar Hollywood em seu auge quanto por sua atuação. O compositor Jean Sibelius criou sinfonias arrebatadoras e concertos de violino estonteantes, mas parou de escrever música aos 61 anos, três décadas antes de sua morte. O silêncio de Dashiell Hammett após a publicação de *O falcão maltês* e outras obras-primas de ficção policial é um mistério maior do que qualquer outro que ele tenha criado em seus livros: por que ele aposentou a caneta para sempre?

Quando o príncipe Harry e Meghan Markle se despediram do Palácio de Buckingham, deixando de pertencer à família real britânica, a indignação pública foi rápida e furiosa: eles não podem simplesmente *desistir*, podem?

Podiam. E o fizeram. E o mundo assistiu, inquieto.

Assistimos porque a desistência nos intriga, fascina; talvez sejamos até meio obcecados pelo tema e, ao mesmo tempo, desconfiados. A desistência é fruto proibido; desafia nossas crenças mais fundamentais sobre como o mundo funciona, sobre o que queremos – para nós mesmos e aqueles de quem gostamos – e o que podemos fazer para obter esses desejos. Todos discordam sobre a melhor maneira de educar os filhos, por exemplo, mas quase ninguém questiona a importância de ensinar-lhes a perseverar. Como Lindsay Crouse escreveu em uma matéria do *New York Times* em 2021: "Os estadunidenses muitas vezes demonizam a desistência e valorizam a 'perseverança', uma qualidade mítica que uma enxurrada de livros instou os pais a incutir nas crianças na última década".

Recusar-se a desistir é considerado heroico. "O trabalho duro é, provavelmente, o valor americano mais universalmente estimado", observou Tyson, acrescentando: "Uma pesquisa recente do laboratório Pew descobriu que 80% dos americanos se descrevem como 'trabalhadores', superando todos os outros traços. O trabalho piorou, mas nossos ideais de trabalho permanecem elevados". A desistência não se encaixa na visão dominante sobre como o sucesso é alcançado; é uma aberração perversa, um forasteiro sujo. Muito melhor se agarrar a algo ruim, algo que mata a alma, do que abandoná-lo pelo sonho de algo melhor; se fizer isso, será rotulado de desistente antes de conseguir passar pela porta.

* * *

A maioria das pessoas nunca realizará um duplo mortal para trás com giro triplo em um exercício solo na frente de milhões de telespectadores (eu fico tensa só de pensar). Nunca seremos chamados para liderar um time da NFL ou da NBA rumo à vitória, como fizeram Luck e Pippen, ou para compor uma sinfonia, vencer em Wimbledon, eliminar o adversário no beisebol e representar a monarquia britânica.

Contudo, todos nós enfrentamos momentos em que a questão de desistir – *devo ou não devo?* – nos preocupa. Amy Dickinson, autora da coluna de conselhos *Ask Amy,* disse que a desistência é, sem dúvida, a maior razão pela qual as pessoas lhe escrevem pedindo ajuda: "Sinceramente, acho que a ideia de desistir permeia as perguntas que me enviam, seja desistir de um casamento, de uma amizade, de um hábito ou de uma obrigação", diz. "O outro lado disso, claro, é a dor de ser largado, abandonado, negligenciado – a dor de alguém desistir de *você.*"

Portanto, não é nenhum mistério a razão de muita gente procurar ajuda externa – de um colunista, da mãe ou do pai – para lidar com esse dilema, esse eterno enigma. Desistir não parece uma opção viável. No entanto, quando uma rota não está dando certo, sentimos um impulso instintivo de mudar o curso. Os mais profundos deles nos dizem para fazer o que for preciso para sobreviver, incluindo desistir e tentar outra coisa, mas recebemos uma poderosa mensagem contrária do mundo exterior. O condicionamento social entra em ação, e questionamos esses impulsos que nos incentivam a encontrar novas alternativas. Muitas vezes há uma grande disparidade entre nossa convicção interna e robusta – *eu tenho que sair daqui agora!* – e os sinais contrários enviados por melhores amigos, pais bem-intencionados e autores de livros de autoajuda – se você desistir, vai decepcionar todo mundo. Especialmente a si mesmo.

De certa maneira, pensamos *demais* na questão de desistir, procurando razões complexas para o que pode, afinal, resumir-se a uma simples escolha binária: abandonar ou continuar? E pensamos com seriedade. Porque desistir é algo que fazemos, sim, mas também é uma ideia – uma ideia sobre o mundo e o que o molda, sobre nossas responsabilidades para conosco e para com os outros. E sobre como ser feliz.

* * *

Quero deixar claro que desistir nem sempre é o certo. Juntamente com pessoas largando seus empregos durante a pandemia – o que atingiu níveis históricos –, um número recorde de estudantes universitários também desistiu dos estudos. Nos Estados Unidos, mais de um quarto de todos os alunos que iniciaram as aulas em cursos de quatro anos no outono de 2019 não voltaram no ano seguinte – um aumento de dois pontos percentuais em relação ao ano anterior e a maior taxa de evasão desde 2012. Nas faculdades comunitárias, 3,5% dos estudantes não voltaram em 2020. Ninguém poderia argumentar que menos educação é algo positivo.

Além disso, a perseverança não é por si só uma coisa ruim. A resiliência é necessária para superar os inevitáveis desafios e dificuldades da vida. Mas fazer da coragem a solução para todos os dilemas – e desprezar quem não consegue ostentá-la – pode levar a resultados ruins, como o autoacusação por coisas que extrapolam seu controle; ou a culpabilização dos outros por coisas que eles também não podem controlar. Desistir não é apenas apertar um botão de liga-desliga, como fomos levados a acreditar. É um feito intelectual e emocionalmente complexo, e é por isso que os cientistas estão cada vez mais curiosos em relação a como nosso cérebro faz isso.

Graças a uma série de avanços recentes em laboratórios de neurociência no mundo todo, estamos perto de entender, como nunca antes, os meios pelos quais as criaturas vivas desistem quando uma ação não parece ser vantajosa. Essas descobertas implicam a promessa de ajudar também com outro tipo de desistência, o qual, indiscutivelmente, queremos encorajar – o

DESISTIR

rompimento do vício em drogas, álcool e alimentação excessiva –, além de aliviar o sofrimento causado por condições como transtornos obsessivos-compulsivos e depressão clínica.

Nas páginas a seguir, conheceremos os pesquisadores que planejam experimentos engenhosos para descobrir como organismos como o peixe-zebra, as abelhas, os ratos, os tentilhões, os corvos e os pássaros-jardineiros desistem. Depois voltaremos às criaturas que vivem um pouco mais perto de casa: as pessoas. Consideraremos o alto custo de se recusar a desistir quando um novo produto ou negócio, antes promissor, se mostra um fracasso (estamos falando com *vocês*, Theranos e WeWork). Vamos aprender a lidar com a possibilidade de desistir de algo e, com isso, magoar e decepcionar as pessoas que amamos, desde pais, parceiros e amigos até chefes e mentores. E vamos refletir sobre a frequência com que desistir aparece como um tema na cultura popular, de uma belicosa balada country como *Take This Job And Shove It* a uma obra literária como *Moby Dick*, um filme icônico como *Jerry Maguire* ou uma série de televisão como *Hacks*. Vamos analisar por que cenas de desistência aparecem em tantas de nossas histórias mais queridas e entender como podemos usar nossas respostas a essas cenas para nos conhecer melhor.

Vamos ruminar o importante papel da sorte e da probabilidade em nossa vida, embora não gostemos muito de reconhecê-lo, pois preferimos acreditar que estamos no comando. Trens descarrilam, aviões caem, pessoas que levam um estilo de vida saudável sofrem de doenças terríveis. Por outro lado, os números que você jogou na loteria podem ser sorteados, ou você talvez encontre um grande amor na fila para renovar a CNH. No jogo da vida, recebemos uma mão boa ou ruim, e muitas vezes sucesso e fracasso não são uma questão de perseverança e sim dos dados lançados. Puro acaso.

Assim sendo, por que alguns dos mais famosos e influentes livros de autoajuda já publicados, eternos *best-sellers* de escritores como Napoleon Hill e Norman Vincent Peale, insistem em dizer que nosso destino depende inteiramente de nós? Por que essa mensagem é tão atraente e tão perigosa? Vamos espiar por trás dos chavões e descobrir.

Veremos também como outras pessoas conseguem fazer da desistência um ato criativo, uma plataforma de impulsionamento. Ao longo destas páginas, haverá "Momentos bandeira branca": relatos em primeira pessoa de gente que desistiu quando precisou. Às vezes, serão de pessoas que compartilharam sua história de desistência comigo para este livro; outras, serão de celebridades que escreveram sobre o ponto específico em que desistiram para conseguir o que realmente queriam. Cada breve testemunho registra o instante em que alguém – talvez alguém cujo dilema se pareça muito com algum que você enfrente – percebeu que era hora de pisar no freio. Hora de tomar fôlego, reavaliar, desistir.

Ao ler sobre essas epifanias, talvez você se inspire a rever os momentos decisivos de sua própria história, os pontos ao redor dos quais uma vida gira, para que, ao aparecerem de novo, você esteja pronto para agir. Talvez isso signifique desistir; talvez não. Mas, seja lá o que você decida, será *sua* decisão, com base nas suas circunstâncias, e não em algum ideal de perseverança remoto, abstrato e padronizado.

No final de cada capítulo, você encontrará sugestões para as próximas etapas em uma parte chamada "Pense nisso". Essas sugestões podem ajudá-lo a levar em conta a sabedoria da desistência estratégica. Porque, mais cedo ou mais tarde, você enfrentará essa questão.

Não que não a tenha enfrentado antes. Nós todos já a enfrentamos. Todo mundo tem uma lista de desistências: um compêndio de empregos, relacionamentos, passatempos, sistemas de crenças ou formas de estar no mundo que precisaram ser abandonados. A minha começa com aquele momento excruciante em Morgantown, mas não termina ali. Aconteceu de novo, alguns anos depois, durante meu primeiro emprego em um jornal em Ashland, Kentucky. Apesar de acumular excelentes avaliações de desempenho, descobri que estava ganhando um quarto – *um quarto!* – do salário do homem que havia ocupado o mesmo cargo antes de mim. Quando pedi uma explicação, o editor-chefe ficou surpreso: *Ora, Stan é um homem com família, Julia. E você é uma mulher solteira de 21 anos.* Caso encerrado.

Ele não cedeu. Então, eu desisti. Sem dúvida, foi só um pouco mais fácil da segunda vez. Encharquei outra toalha durante mais uma noite escura para a alma. *O que vai* acontecer *comigo? Fui uma idiota! Não, não fui. Fui, sim!* Fiquei muito confusa.

Abandonar aquele emprego poderia ter sido uma catástrofe. Como eu disse – e é importante repetir –, abraçar a desistência como uma estratégia de vida não significa que as coisas sempre darão certo. Não darão. Significa apenas que você ficará no comando de seus dias, mesmo diante do medo de fazer a escolha errada. No final, não existe escolha errada. O único erro verdadeiro é não fazer escolha nenhuma, porque outra pessoa ficará mais que feliz em fazê-la por você.

Entre aqueles que entrevistei, desde cientistas, acadêmicos e historiadores a pessoas comuns como você e eu, uma coisa se mostrou verdadeira em todos os aspectos: existe mais arrependimento das vezes que *deveriam* ter desistido, mas não desistiram, do que das vezes que disseram "chega".

* * *

Pois bem, o que este livro fará por você?

Veja-o como um kit de desistência, talvez; um objeto que você compraria na Tok&Stok – só que, neste caso, levaria algo para atualizar sua vida, não só sua sala de estar. Você terá uma nova maneira de pensar sobre a desistência. Um novo contexto para tomar decisões sobre as coisas que são importantes para você, desde sua família e seu trabalho até seu bem-estar. Um novo ponto de vista sobre determinação e perseverança.

No mínimo, espero que este livro o convença a levar em conta a possibilidade de a coragem – ou a falta dela – não ser a única maneira de avaliar uma vida. Espero que lhe dê a liberdade de *não* ser obsessivamente dedicado e autossuficiente.

De *nem sempre* superar os obstáculos.

De *não* terminar tudo que começa.

Se você se permitir desistir quando for compelido a isso, expandirá suas possibilidades. Provará que acredita em abundância, porque desistir tem a ver com esperança. Desistir tem a ver com o amanhã. Desistir tem a ver com a capacidade de mudar, de novo e mais uma vez, quantas vezes for necessário.

Talvez o segredo de uma vida alegre e produtiva não resida nas qualidades que muitas vezes nos dizem que são as principais – obstinação e determinação –, e sim na agilidade, na flexibilidade, no ato de desistência que alivia a carga, que antecede um salto ousado rumo ao futuro. No abraço glorioso e corajoso de uma nova maneira de ser.

Em saber quando desistir.

Porque desistir é um ato de amor.

PARTE UM

Desistir: está tudo em sua cabeça

Há um ponto em que a perseverança se torna negação.
BENJAMIM WOOD

CAPÍTULO 1
O que pássaros, abelhas e ginastas podem nos ensinar sobre desistência

A determinação equivocada é a pior qualidade possível que uma pessoa pode ter.
DR. JOHN A. LIST

POR QUE SIMONE BILES É COMO UMA ABELHA?

Isso não é uma charada. Nem uma pergunta capciosa. É uma investigação séria, e a resposta é encontrada em um campo emergente da neurociência, que promete desvendar os segredos de como nosso cérebro decide se é o momento certo para desistir.

Como ginasta de prestígio mundial, Biles fez muitas coisas incríveis, mas foi o que ela fez em Tóquio, em 2021, que surpreendeu o mundo mais que qualquer outro momento de sua carreira: ela desistiu.

Pois bem, qual é a conexão entre uma das maiores atletas da história e um inseto voador?

Fique por aqui. Chegaremos a isso em breve.

* * *

"Em termos biológicos, a perseverança não faz sentido, a menos que esteja *funcionando*."

Quem disse isso foi Jerry Coyne, professor emérito da Universidade de Chicago e um dos principais biólogos evolutivos de sua geração. Conversei com ele a fim de perguntar sobre animais e desistência. Queria saber por que os seres humanos tendem a aderir ao Evangelho da Perseverança, ao passo que outras criaturas nesta nossa Terra magnificamente diversa seguem uma estratégia diferente. Suas vidas são marcadas por desistências propositais, desvios fortuitos, recuos inteligentes, recálculos de rota, manobras ardilosas e segundas oportunidades deliberadas, isso sem falar de voltas, guinadas e reversões inteiras.

Ou seja, outros animais desistem regularmente. E também não são obcecados com isso.

Encontrei Coyne em uma manhã de domingo, pouco antes de ele sair para o ritual que realiza duas vezes ao dia: alimentar os patos no Botany Pond, que fica perto do centro do campus. Seu escritório tem vista para o lago, onde nascem cerca de duas dúzias de patinhos a cada primavera. Coyne se aposentou oficialmente em 2015, mas ainda vai trabalhar todos os dias. Quando a covid-19 fechou a universidade, em 2020, ele recebeu uma permissão especial para ir alimentar os patos. Mantém o hábito porque gosta. Idem para os patos.

Na natureza, observou Coyne, a perseverança não tem um status especial. Os animais fazem o que fazem porque isso serve a seus interesses: perdurar o suficiente para se reproduzir, garantindo a continuidade de seu material genético.

Nós também somos animais, claro. Apesar de todas as complexas maravilhas que os seres humanos criaram – de Audis a álgebra, de sundaes de chocolate quente ao haikai, de pontes suspensas ao seriado *Bridgerton* –, no fundo, nossos instintos sempre nos empurram para o mesmo objetivo básico e prático: perdurar para que possamos passar adiante pequenas cópias de nós mesmos. É axiomático: a melhor maneira de sobreviver é desistir de tudo que não contribua para a sobrevivência; desperdiçar o mínimo possível de recursos com o ineficaz. "O comportamento humano foi moldado para nos ajudar a obter um resultado favorável", disse Coyne. Nós buscamos aquilo que funciona. Somos tendenciosos em relação aos resultados.

Mas, em algum lugar entre o ímpeto de seguir o que nos parece o caminho mais promissor – o que significa abandonar um caminho *pouco* promissor – e o simples ato de desistir, muitas vezes algo atrapalha. E esse é o mistério que me intriga: se desistir é o certo, por que não o fazemos sempre?

* * *

Vejamos os tentilhões nas Ilhas Galápagos, lugar que incendiou a imaginação do jovem Charles Darwin em 1835 e o levou a seu grande avanço: a teoria da seleção natural. A alimentação desses pássaros consiste principalmente de pequenas sementes, algumas delas contidas dentro de uma erva daninha de espinhos afiados, cujo nome científico é *Tribulus terrestris*. Os tentilhões usam o bico para retirar as sementes dessa bainha. E isso não é fácil.

Como Jonathan Weiner explica em seu livro, que ganhou o Prêmio Pulitzer, *O bico do tentilhão*, um tentilhão perseverante é uma ave condenada. Se os pássaros passarem muito tempo bicando um *Tribulus terrestris* com uma pele especialmente dura, arranjarão problemas. "Quando os tempos estão difíceis", escreve Weiner, "a vida deles depende da eficiência com que conseguem procurar comida, de quão pouca energia gastam para obter muita energia em troca". Os tentilhões que sabem quando desistir e passar para outra potencial fonte de alimento têm mais chances de sobrevivência, porque não se exaurem em uma busca com pouco retorno nutricional.

Alguns tentilhões, segundo Weiner, chegam a gastar seis minutos na exasperante tarefa de desenterrar uma única semente. "É muito tempo para um pássaro, e, na maioria das vezes, ele simplesmente desiste." O tentilhão entende: se não conseguir de cara, desista. Uma luta ou grande esforço são a maneira de a natureza insinuar que é melhor tentar possibilidades de refeições mais promissoras.

Se permanecer vivo é o objetivo, o melhor é abandonar a tarefa que não propicie uma recompensa rápida em termos de sobrevivência. Um tentilhão perseverante pode morrer rapidinho.

A natureza tem um talento especial para ir direto ao ponto. Não há medalhas ou elogios para quem corre riscos. O que importa é o essencial; nenhuma ação pode ser supérflua; elas são *importantes*, pois a existência do organismo está em jogo. Desistir é uma habilidade, uma técnica de sobrevivência. Não é – como nós, humanos, às vezes encaramos – uma falha moral. E resistir ao impulso de desistir não é necessariamente um ato nobre ou corajoso. É um absurdo.

Ao contrário dos humanos, esses outros organismos não são oprimidos por uma ideia abstrata dos supostos benefícios da perseverança. Quando um comportamento não os leva a lugar nenhum, ou quando está provando ser perigoso para a continuidade de sua existência, eles desistem.

Em seu maravilhoso livro *A trama da vida: como os fungos constroem o mundo,* Merlin Sheldrake faz uma observação surpreendente sobre os fungos mucilaginosos. Esses organismos não têm um sistema nervoso central e dependem de "redes exploratórias feitas de veias semelhantes a tentáculos, mas podem 'tomar decisões'". Fazem isso, escreve ele, desistindo e mudando de direção. Observados em uma placa de Petri por uma equipe de cientistas japoneses, os fungos mucilaginosos "compararam possíveis rotas e foram capazes de encontrar o caminho mais curto entre dois pontos em um labirinto".

Os fungos mucilaginosos não gostam de luz forte; assim, ao chegar ao ponto em que os pesquisadores colocaram uma luz, rapidamente mudaram o trajeto. Se um caminho não era o certo, os organismos desistiam dele e escolhiam outro. Insistir em um caminho indesejável por ser o mais difícil não faz sentido, nem mesmo para os fungos.

DESISTIR

Como Coyne escreve nas passagens iniciais de *Por que a evolução é uma verdade*, "plantas e animais parecem, intrínseca e quase perfeitamente, projetados para viver sua vida. Lulas e linguados mudam de cor e padrão para se confundir com o ambiente, tornando-se invisíveis para predadores e presas. Morcegos têm radar para detectar insetos à noite. Beija-flores, que conseguem pairar no lugar e mudar de posição em um instante, são muito mais ágeis que qualquer helicóptero humano". E, se for preciso, eles desistem.

* * *

Entre os experimentos desenhados para testar as habilidades cognitivas dos pássaros – testes descritos com humor e perspicácia por Jennifer Ackerman em seu revelador livro *A inteligência das aves* –, um foi conduzido pelo biólogo Louis Lefebvre, da Universidade McGill.

Em uma estação de pesquisa em Barbados, ele e sua equipe colocaram sementes comestíveis em dois recipientes, um verde e outro amarelo. Observaram *Pyrrhula pyrrhula* e *Quiscalus* individualmente para ver quais eram atraídos por qual cor de recipiente. Uma vez que isso ficou estabelecido, trocaram as sementes soltas no recipiente preferido dos pássaros por sementes coladas no fundo. Por mais que o pássaro tentasse, não conseguiria retirar as sementes coladas.

Lefebvre e seus colegas observaram quanto tempo levaria para um pássaro desistir das sementes coladas no recipiente de sua cor favorita e experimentar o outro – que continha sementes soltas. Os pássaros perceberam depressa e passaram de uma tarefa inútil a uma com recompensa. Escolher a cor preferida era legal, mas nada comparado a poder comer.

O experimento foi projetado para mensurar o "pensamento flexível" dos pássaros, escreve Ackerman. Mas me parece que também demonstra um princípio corolário: a utilidade de desistir. Em termos básicos, desistir se resume a cessar uma ação para iniciar outra. Desistir, então, é um elo da cadeia dos passos cognitivos de um pássaro. Se não estiver disposto a desistir de tentar pegar uma semente específica – que, sem que ele saiba, estará para sempre inacessível, embora tentadoramente visível em seu recipiente favorito –, vai passar fome. A perseverança, por si só, é irrelevante para um pássaro. Sobrevivência é o objetivo, não elogios. Nesse caso, desistir e tentar algo diferente são a única estratégia eficaz para conseguir comida.

Mas, claro, temos que ter cuidado ao fazer paralelos diretos entre o mundo animal e o nosso, inclusive ao atribuir qualidades humanas a animais cujos pensamentos e emoções são, afinal, desconhecidos para nós. Como escreve Sheldrake, o conhecedor de fungos: "A visão científica predominante é a de que é um erro imaginar que há algo deliberado na maioria das interações não humanas". Mas é difícil evitar ver conexões aqui e ali, pois observamos que outras criaturas decidem desistir quando isso as beneficia.

Momento bandeira branca

Minhas fantasias sobre me demitir se tornaram mais vívidas em dezembro. Foi o período entre o Dia de Ação de Graças e o Natal, uma época em que, historicamente, há pouco trabalho a fazer. Eis como imaginei minha demissão: esperaria que se instalasse aquela sensação familiar de preferir ser engolida pelo núcleo da Terra a ter que completar mais uma tarefa do trabalho. Então, em vez de fazer a tarefa, eu simplesmente... não faria. Não responderia ao e-mail. Não mandaria minhas ideias para a reunião de pauta. Diria a meu editor: "Quer saber? Hoje é meu último dia". E, aí, eu me demitiria da Slack, para sempre.
— KATIE HEANEY

DESISTIR

Em uma instalação de pesquisa na Nova Zelândia, escreve Ackerman, um cientista chamado Alex Taylor tentou descobrir como um corvo pensa. Ele e seus assistentes montaram uma área de recreação para essas aves, onde, se o corvo levanta uma vara, a vara puxa uma corda; a corda está presa a um pedaço de carne, logo o corvo ganha um lanchinho. Quando o corvo consegue ver o lanche indo em sua direção, os atos de levantar e puxar acontecem sem hesitação. No entanto, se a visão da carne for bloqueada, o corvo para de tentar. A perseverança está ligada à garantia de uma recompensa tangível. E assim faz sentido.

"Sem o reforço visual da carne se aproximando cada vez mais, induzindo-os a manter a atividade", explica Ackerman em seu livro, "somente um corvo, de onze, puxou espontaneamente a corda um número suficiente de vezes para pegar a carne". Os corvos "têm uma capacidade extraordinária de perceber as consequências de suas ações". Se eles acreditam que uma atividade não os levará a lugar nenhum, param de executá-la. Tendo em vista que precisa de sustento, como todas as criaturas vivas, um corvo não pode desperdiçar seus esforços em algo menos que garantido. Ele faz um cálculo, põe na balança o provável gasto de energia e tempo com o potencial pagamento em comida: *Estou com fome. Há algum rango à vista para justificar um monte de puxões nessa corda idiota? Não? Então tchau.*

Vamos pausar um breve instante para imaginar se o experimento fosse feito com humanos, em vez de corvos. Influenciados pelo valor que damos à determinação e à perseverança, nós nos sentiríamos tentados a ovacionar e torcer pelo corvo que ficou firme, mesmo sem garantias de que seu esforço valeria a pena: *Isso, garoto! Não desista!* Os outros dez chamaríamos de *desistentes*. Só que a realidade é que o esforço em prol de um objetivo que talvez não dê certo pode esgotar recursos que seriam mais bem direcionados para outros lugares. Os pássaros vivem com uma margem de sobrevivência muito menor que os humanos, mas a lição vale para ambos: a perseverança nem sempre é a melhor estratégia para sobreviver.

Uma relação custo-benefício semelhante foi observada nas decisões tomadas por pássaros-jardineiros machos, os sedutores folgados do mundo das aves. Eles "não oferecem nenhum benefício direto como ajudantes" para as fêmeas, escreve Ackerman. Têm apenas uma aparência superficial vistosa e atraente; fazem dancinhas e movimentos frenéticos de asas, soltam guinchos altos e dão saltos animados para atrair parceiras. A cereja do bolo é um projeto arquitetônico que eles elaboram: uma gruta pequena e estranha, construída com pedaços de coisas, gravetos e bugigangas brilhantes – o que quer que possam encontrar facilmente – para impressionar as fêmeas da espécie.

Pássaros-jardineiros machos adoram coletar coisas azuis. Não se sabe por que, mas o azul faz sucesso. Já coisas vermelhas, eles evitam. Se um pássaro-jardineiro macho encontrar um objeto vermelho em seu esconderijo, vai tirá-lo com rapidez e fúria, descartando-o. Assim sendo, para avaliar a capacidade de resolução de problemas de um pássaro-jardineiro, os pesquisadores colocaram uma telha vermelha em sua gruta, prendendo-a no piso com parafusos impossíveis de remover por um pássaro.

Cavar, arranhar e puxar a odiada telha vermelha, tentando retirá-la, mostrou-se inútil. Mas, em dado momento, o pássaro-jardineiro resolveu o problema. "Os machos mais inteligentes", escreve Ackerman, "descobriram rapidamente uma nova estratégia para lidar com a situação: cobrir o vermelho com uma camada de folhas ou outra decoração". Mas, antes de implantar o plano B, esses Einsteins do mundo das aves precisam completar uma etapa essencial: abandonar o plano A. Têm que parar de cavar e arranhar. Têm que abandonar o esquema que *não* está funcionando e inventar um que funcione. Em outras palavras, têm que desistir. Caso contrário, não serão capazes de transmitir seus genes.

A natureza é implacável e eficiente: tudo tem que funcionar, o tempo todo. "Quanto mais aprendemos sobre plantas e animais", escreve Coyne, "mais nos maravilhamos ao ver como seus projetos se encaixam em seu modo de vida". Eles precisam obter uma taxa máxima de retorno para sustentar seu esforço, ou perecem. É uma proporção friamente inflexível. Cada gesto, cada decisão, deve estar sincronizado com o objetivo de sobrevivência.

O que nos leva de volta a Biles e as abelhas.

* * *

As finais das Olimpíadas de Tóquio de 2021 não foram a primeira vez que Biles desistiu de uma competição. Aconteceu em 2013, em um evento nos Estados Unidos, e pelo menos outras duas vezes, assim como acontece com outras ginastas. Apesar de os jornalistas esportivos terem tentado, repetidamente, durante a carreira espetacular de Biles, explicar o que a torna tão especial – é seu equilíbrio incrível, foco e postura extraordinários, a flexibilidade impressionante, uma imensa força no *core*, o rigor férreo de seu ritual de treinamento ou, como a própria Biles especulou para o *The New Yorker* em 2021, "um talento dado por Deus"? –, o elemento verdadeiramente essencial pode ser nenhum dos anteriores.

Todos esses atributos são importantes, sim. Mas e se o mais importante for a capacidade de desistir estrategicamente quando o preço de perseverar for alto demais?

Essa ideia vai contra quase tudo que aprendemos a acreditar em relação à resiliência dos campeões, sua motivação ininterrupta e senso de propósito implacável. Mas talvez a resiliência signifique mais que superar obstáculos, apertar os punhos, ignorar a dor e abrir caminho.

Talvez a resiliência, paradoxalmente, também signifique estar disposto a desistir.

Naquele momento em Tóquio, Biles fez uma avaliação rápida e crucial: *Isto vale o que estou arriscando?* "Eu não estava fisicamente capaz", disse ela mais tarde a Camonghne Felix, da *New Yorker*. Ao chegar ao Japão, cinco dias antes, lembrou, ela não sentira sua habitual confiança, e suas dúvidas só se intensificaram conforme os eventos preliminares foram se desenrolando.

Seu esporte implica cronometrar frações de segundo e o risco permanente de lesões graves. Não ser capaz de localizar seu corpo no espaço durante os chamados "twisties" é aterrorizante, observou Biles, e as apostas não poderiam ser maiores: "É, basicamente, questão de vida ou morte".

Para atletas de elite como Biles, a compreensão de sua capacidade física está no centro de tudo que empreendem. Precisam ter ciência, segundo a segundo, com precisão, de seus pontos fortes e fracos. Portanto, estando em sintonia com seu corpo, a escolha para Biles era clara. Por mais satisfação que seu esporte lhe proporcione, por mais alegria que sua participação lhe trouxesse naquele dia, não valia a pena o risco de morte ou de uma lesão catastrófica. A escolha heroica, a escolha resiliente, não foi a de perseverar. Foi a de desistir.

Ao contrário das abelhas, Biles não pode voar (se bem que, se você a viu atuar, sabe que ela chega muito mais perto disso do que o restante dos mortais jamais chegará). Mas ela *compartilha* uma característica importante com esses insetos, que pode ter contribuído para sua notável ascensão: saber quando parar.

* * *

Justin O. Schmidt é um renomado entomologista e autor de *The Sting of the Wild*, um livro bacana sobre uma coisa desagradável: insetos que picam. As criaturas vivas, disse ele, ecoando Coyne, têm dois objetivos, que são rudimentares: "Comer e não

DESISTIR

ser comido". Quando algo que faz não dá certo, o animal para de fazer – é notório, sem confusão nem justificativas.

Os seres humanos são as únicas criaturas que desistem e depois se preocupam com isso, escrevendo textos autoflageladores nas redes sociais, confessando dúvidas a amigos em encontros, xingando a si mesmos enquanto se olham com tristeza no espelho.

Para uma abelha, o ímpeto de sobreviver implica o compromisso de garantir que haverá mais abelhas. Assim, ela defende sua colônia ao desistir sem preocupação. Quando uma abelha pica um potencial predador, ela morre, porque a picada a eviscera, e somente as fêmeas picam. Dada essa probabilidade – uma taxa de mortalidade de 100% após a picada –, que abelha em sã consciência tomaria a decisão de picar se isso não lhe gerasse algum benefício?

É por isso que, como explica Schmidt em seu laboratório em Tucson, às vezes ela se afasta. Quando uma criatura que pode representar uma ameaça se aproxima da colônia, a abelha pode muito bem *não* picar. Ela escolhe, de fato, desistir: não dar o próximo passo em defesa da colmeia, ao custo de sua vida.

Seus experimentos, cujos resultados ele publicou em 2020 na *Insectes Sociaux,* uma revista científica internacional focada em insetos sociais, como abelhas, formigas e vespas, revelam que as abelhas fazem o cálculo na hora. Decidem se um predador está perto o suficiente da colônia para ser uma ameaça legítima e, além disso, se a colônia tem potencial reprodutivo suficiente para superar seu sacrifício pessoal. Se o momento atender a esses critérios – perigo genuíno (*check*), colônia fértil (*check*) –, as abelhas vão encarar o perigo, como as lutadoras ferozes que são, felizes em perecer pelo bem maior.

Se não atender, então elas não se envolvem. "As abelhas precisam tomar decisões de vida ou morte com base em avaliações de risco-benefício", diz Schmidt. Como uma ginasta diante de uma manobra vertiginosamente difícil, que pode ser letal, elas avaliam o risco de seu próximo movimento contra o que está em jogo: medem o perigo iminente, as chances de sucesso e a potencial recompensa. Calculam as probabilidades. E, se a proporção não fizer sentido, desistem.

* * *

Desistir, portanto, pode salvar sua vida se você for um tentilhão ou uma abelha – ou um atleta olímpico. Mas e o restante da humanidade?

Normalmente, não morremos quando expulsamos alguém que está invadindo nosso espaço pessoal – como uma abelha faz com um predador. Ou quando perdemos muitos minutos tentando abrir uma bala com o papel grudado – o que talvez seja o equivalente humano mais próximo de um tentilhão com um *Tribulus terrestris* não cooperativo. Desistir pode ser uma questão de vida ou morte para nós também?

Tragicamente, a resposta é *sim*.

Em agosto de 2001, um jogador de futebol americano da Universidade de Northwestern chamado Rashidi Wheeler morreu de insolação durante o treino em um dia escaldante. Naquele mesmo ano, um jogador do Minnesota Vikings, Korey Stringer, também faleceu após um treino vigoroso em condições extremamente quentes. Em 2018, o mesmo ocorreu com um atleta da Universidade de Maryland, Jordan McNair, após desmaiar. E, em 2020, com Grant Brace, um lutador da Universidade de Cumberlands, após um treino de equipe que exigia que os atletas subissem e descessem uma colina. De acordo com o noticiário, Brace teria dito: "Preciso de água. Alguém me ajude... Sinto que vou morrer". Entre 1998 e 2018, pelo menos 34 atletas morreram durante os treinos.

Esses indivíduos brilhantes e capazes deviam estar cientes de que algo estava errado. Os sintomas da exaustão pelo calor não são sutis: tontura, dor de cabeça intensa, náusea, fala arrastada, cãibras musculares. Mas eles não desistiram. Anularam os sinais que lhes diziam para parar. E as pessoas ao redor que não estavam debilitadas – treinadores e colegas de equipe – supostamente também não apontaram o óbvio. Como pessoas inteligentes e seus treinadores conscienciosos podem não perceber esses sinais?

> **Momento bandeira branca**
>
> Eu não queria desistir. Foi muito estranho. Eu sentia que estava escorregando... Achava que seria terrível desistir. Mas eu me entreguei. Deixei meu rosto cair na água, senti que era arrastada em direção ao barco. Estava engasgando com aquela água grossa, e depois me levaram para o barco... Tudo doía muito... Com total exasperação, o médico disse: "Ela não percebeu que estava correndo risco de morte?".
>
> – LYNNE COX, *Swimming to Antarctica: Tales of a Long-Distance Swimmer*

Afinal, nosso corpo é *projetado* para nos dizer quando desistir. Fica em alerta máximo quando o colocamos sob estresse intenso. Manda mensagens para que paremos, e elas vêm com equivalência a uma sirene ululando e piscando luzes vermelhas. Como o professor da Universidade de Stanford, Robert Sapolsky, escreve em seu clássico livro sobre a fisiologia do estresse, *Por que as zebras não têm úlceras*, nosso corpo tenta ao máximo nos avisar quando estamos sobrecarregados e não conseguimos manter o equilíbrio homeostático; a frequência cardíaca, a respiração e a pressão arterial disparam. *Estamos com problemas aqui*, ele grita. *Socorro!*

É importante ressaltar que essa angústia não é só física. O estresse psicológico pode ser igualmente agudo e ter consequências terríveis, se ignorado. Como Bessell van der Kolk coloca em seu livro sensível e distinto, *O corpo guarda as marcas: cérebro, mente e corpo na cura do trauma*, "o trabalho mais importante do cérebro é garantir nossa sobrevivência, mesmo sob condições miseráveis. Todo o resto é secundário".

Se a vida está nos escapando, se não estamos fazendo o que parece certo, se não estamos nutrindo nosso corpo e nossa alma adequadamente, se não vivemos de acordo com os valores e padrões que um dia imaginamos para nós mesmos, o impacto em nosso bem-estar geral pode ser catastrófico. Se não desistirmos, talvez não sobrevivamos.

Basta perguntar a Jody Alyn.

* * *

"Quando decidi me divorciar, meus amigos perguntaram: 'Por que está fazendo isso?'. E eu respondi: 'Porque estou morrendo'. Internamente, emocionalmente – era assim que me sentia", disse Alyn. "Eu disse às pessoas: 'Saí antes de morrer'."

Ela trabalhou em uma clínica de saúde mental durante muitos anos e também foi coordenadora de diversidade em Colorado Springs. Depois disso, abriu uma empresa de consultoria para pessoas físicas e jurídicas. Ainda vai muito bem. Ela é engraçada, inteligente, articulada e envolvente. É cuidadosa e comedida. Em outras palavras, não é do tipo que comumente se entrega à hipérbole ou deixa suas emoções saírem do controle.

Porém, quando descreveu para mim suas razões para terminar o casamento e mudar totalmente sua vida, depois de criar dois filhos, usou termos dramáticos, que um passarinho faminto entenderia: se ela não desistisse, pereceria.

Alyn não foi a única que viu sua escolha dessa maneira. Em dezenas de entrevistas, outras pessoas fizeram o mesmo. De fato, havia uma notável semelhança na maneira como as pessoas falavam sobre sua decisão de mudar aspectos significativos da vida. Todas as histórias tinham detalhes diferentes, mas uma expressão aparecia sempre: vida ou morte.

Elas não viam a desistência como uma entre muitas opções. Como diziam, desistir era *viver*. Muitas foram enfáticas em relação a isso: desistir não é apenas uma boa ideia; é oxigênio; é o sustento básico.

"Em meu treinamento, aprendi um alto grau de perseverança", disse Alyn. "Eu podia superar qualquer coisa. Podia transformar desafios em 'experiências de aprendizado'", disse, pronunciando as palavras com ironia. "Mas a verdade é que permaneci em certas situações mais tempo do que deveria. Preciso sentir muita dor para perceber que é hora da mudança."

Seus amigos não entendiam o quanto estava doente, me contou ela, e Alyn tentava confiar neles. "Eu ouvia isso o tempo todo: 'Você parece bem!'. Mas o que se parece por fora é totalmente diferente do que se é por dentro. Por fim, pensei: 'Não aguento mais'."

Em 4 de setembro de 2021, ela colocou suas coisas no seu Subaru Outback cinza e saiu de Colorado Springs em direção ao leste. "Tive uma ideia: durante um ano, moraria em lugares diferentes para descobrir onde queria me estabelecer. Se tivesse que trabalhar em um café, uma livraria, uma biblioteca ou qualquer outro lugar, trabalharia."

"E como está indo?", perguntei. "Maravilhoso. Não dá nem para dizer como é magnífico. Não tive um único instante de arrependimento."

Ela admite que, no começo, foi difícil se acostumar com a ideia de apenas *desistir*. E começar de novo. "'*Desistente* é um insulto!', dizia meu pai. 'Você precisa ter perseverança.' E também dizia: 'Se começou um trabalho, nunca o deixe pela metade'. A ética protestante do trabalho se infiltra em nós da mesma maneira que o preconceito estrutural. Quando mudamos de rumo, é como se estivéssemos errados, como se houvéssemos cometido um erro." E isso não é lá muito agradável de se reconhecer.

Quando perguntei se ela se sentiu corajosa por ter feito uma mudança tão drástica, Alyn rapidamente objetou: "É corajoso dizer 'não vou me deixar morrer'? Não. Não é coragem, é autopreservação". Ela deu uma risada calorosa. "Uma parte importante de *ligar o foda-se* – o que estou fazendo – é que você não precisa justificar tudo que faz. Só temos uma vida."

* * *

Uma epifania semelhante aconteceu com Christine Sneed, escritora e professora que trabalhou em Chicago por duas décadas, até maio de 2018 – momento em que de repente percebeu que sua vida lhe parecia errada.

"Eu tinha que ir embora. Não podia continuar fazendo as mesmas coisas", disse ela, apesar de essas "coisas" incluírem um sólido histórico de realizações. Ela publicou quatro livros bem recebidos pela crítica, em seis anos, enquanto dava aulas de redação na Universidade de Northwestern. Mas se sentia presa, sem rumo. "Era uma questão de poder sair da cama de manhã com motivação. Eu vivia cansada, o tempo todo. Tive que confiar em meus instintos."

Então, ela e seu parceiro, Adam, treinador de futebol juvenil, se mudaram para Pasadena. Agora, além de romances, ela escreve roteiros. "Mesmo sendo difícil, é *minha* vida. Não me arrependo das escolhas que fiz. Vir para cá foi uma renovação. Em Chicago, eu não podia mais olhar para o vale abaixo de nosso condomínio sem querer me estrangular." Rindo, ela acrescentou: "Ou estrangular alguém!".

DESISTIR

Para essas duas mulheres, e também para outras pessoas que você conhecerá neste livro, a crescente convicção de que precisavam fazer uma mudança significativa não foi um impulso fugaz, um casual "talvez *um dia...*", como uma contemplação ociosa. Foi um passo radical, de "agora ou nunca". Um limiar. Um portal para um novo mundo.

* * *

O cérebro humano, como o de todas as criaturas vivas, sabe o que fazer quando a sobrevivência está em jogo: desistir e tentar outra coisa. O cérebro de Alyn sabia. O de Sneed também. Até o fungo mucilaginoso em uma placa de Petri sabe. Assim sendo, por que mais pessoas não fazem isso com frequência?

Em seu provocativo livro *Burnout: o segredo para romper com o ciclo de estresse,* Emily Nagoski e Amelia Nagoski observam que saber quando desistir "vem a nós da mesma maneira que para os pássaros e os esquilos: como uma intuição que está fora da racionalidade. Simplesmente ouvimos uma voz dentro de nós dizendo: 'Você já fez tudo que podia aqui. É hora de seguir em frente'". Porém, muitas vezes a ignoramos. "Os seres humanos – em especial as mulheres – têm uma capacidade extraordinária de ignorar essa voz."

As mulheres que vivem relacionamentos abusivos às vezes recebem, de amigos e familiares bem-intencionados, conselhos de perdoar o agressor e tentar de novo, para evitar destruir um lar. Ouvem que o compromisso com um parceiro íntimo deve ter precedência sobre tudo, inclusive sobre danos físicos ou emocionais infligidos por ele.

Desistir e ir embora, terminar um relacionamento, é desafiar normas sociais poderosas, escrevem as irmãs Nagoski: "Vivemos em uma cultura que valoriza autocontrole, determinação e perseverança. Muita gente aprendeu a ver uma mudança de metas como 'fraqueza' e 'fracasso' [...]. Se 'fracassamos' em atingir um objetivo, é porque há algo errado conosco. Não lutamos o bastante. Não 'acreditamos'".

Às vezes, claro, você chega lá. Decide que vai desistir. Pode ser um emprego que você precisa abandonar, ou um amor. Se você é um pássaro, pode ser aquela semente no fundo do copo amarelo. "Isso não está dando certo", você pensa, "estou me esgotando à toa". Então, faz o que fizeram Alyn e Sneed. Ou o que fazem as abelhas e os corvos. Você desiste a fim de ganhar tempo e energia para ir atrás de outra coisa, de algo mais promissor.

E tudo começa com o espasmo de um neurônio.

Pense nisso

Você quer desistir. No fundo, sabe que é a hora. Quando uma situação não parece certa, ouça seu corpo e sua mente. Desistir e seguir em outra direção é uma estratégia de sobrevivência, assim como o é para outros animais. Não deixe que o medo de ser chamado de *desistente* o impeça de se proteger de danos físicos e mentais.

CAPÍTULO 2
A neurociência do "para mim, chega!"

Eu pesquisei, e isso pode acontecer: os rios mudam de curso, mas é um processo longo. Acho que minha vida mudou de curso.
JACKSON BROWNE

TODD PARKER CONHECIA OS SINAIS.

Cinco anos antes, ele havia desistido de um cargo de professor titular na Universidade DePaul, em Chicago. Era o emprego perfeito para ele, ou assim pensava: o tipo de trabalho com que sonhara enquanto fazia doutorado em Literatura Inglesa na Universidade de Cornell. Mas ele abandonou a DePaul em 2006 para virar monge franciscano. Foi enviado para São Francisco a fim de trabalhar em uma cozinha comunitária.

Quatro anos depois, lá estava de novo aquela sensação familiar: a vontade de desistir. A convicção de que estava no caminho errado. A vida religiosa não satisfez sua alma como ele esperava. Não sentia mais o chamado.

Então, ele desistiu pela segunda vez. Matriculou-se na faculdade de enfermagem. Voltou ao Novo México, onde havia nascido e crescido, e começou a trabalhar em uma clínica que presta assistência médica a adultos com deficiências. Por fim, quando liguei para perguntar como estava, ele me garantiu que se encontrara na vida.

"Você pode apresentar a narrativa como uma mudança heroica", disse Parker, "mas, para mim, foi mais motivada pelo medo. Medo de me transformar em algo muito aquém do que eu imaginava para mim, profissional e eticamente. Medo de ficar estagnado".

Cada vez que Parker desistiu – primeiro da sala de aula e depois do claustro –, foi fácil acompanhar *exteriormente* o que estava acontecendo. Ele se mudou de Chicago para São Francisco e depois para Albuquerque. Trocou o paletó de tweed pela batina e depois pelo uniforme de enfermeiro.

Mas o que aconteceu *internamente*, dentro do labirinto de espelhos rachados de seus aproximadamente 86 bilhões de neurônios – mais ou menos a quantidade que todos nós temos –, na verdade, foi mais significativo. Foi a marcação do ponto de partida: o primeiro instante em que ele pensou em desistir, o lugar onde a desistência começou, enquanto pulsos elétricos e substâncias químicas ziguezagueavam entre as células cerebrais, direcionando o que ele fazia e como fazia.

* * *

Graças a experimentos fascinantes realizados nos últimos anos com peixes-zebra, camundongos e ratos, os pesquisadores agora sabem, mais que nunca, sobre a neurociência da desistência: como um tipo específico de célula, motivada por um conjunto especial de gatilhos químicos, "desiste" – isto é, cessa uma ação.

Se você é um ser humano, essa ação pode ser se demitir de um emprego. Ou terminar uma relação afetiva. Ou acender – ou não – o próximo cigarro. A questão é que tudo que fazemos implica a troca de um caminho por outro, desde gestos pequenos e insignificantes realizados após um segundo de reflexão até grandes mudanças de vida que vêm depois de meses ou anos de contemplação.

DESISTIR

"Para os humanos, há muitas maneiras de abandonar comportamentos", diz o Dr. Misha Ahrens. "Algumas dessas maneiras nós temos em comum com os peixes."

Em seu laboratório no campus Janelia Research do Instituto Médico Howard Hughes, em Ashburn, Virgínia, Ahrens e sua equipe observam rotineiramente um fenômeno que, até há pouco, nunca havia sido vislumbrado em tempo real: o cérebro inteiro de um organismo vivo decidindo que uma tarefa é inútil e desistindo dela. Usando técnicas como engenharia genética e microscopia tridimensional, esses neurocientistas são capazes de observar um cérebro de peixe em processo de desistência. A esperança é que, um dia, essa informação possa ser aplicada à complexidade e à sofisticação do cérebro humano.

A nova ciência da desistência tem um grande potencial para melhorar nossa vida, acreditam Ahrens e seus colegas. As descobertas podem ajudar na busca de tratamentos eficazes para o vício em drogas e álcool. Ou fornecer alívio a aflições psiquiátricas, como o transtorno obsessivo-compulsivo e outros transtornos autodestrutivos. Ou oferecer maneiras de aumentar a flexibilidade cognitiva. Porque desistir está no cerne do esforço humano. É questão de comportamento e tomada de decisão; de motivação e iniciativa; de escolha e aspiração; de depressão e ansiedade – e recuperação. É questão de saber por que começamos, desistimos e começamos de novo.

E, para Ahrens e seus colegas neurocientistas, tudo começa no cérebro de uma criatura menor que uma lasca de tinta de parede.

* * *

Sabemos tudo e nada sobre o cérebro.

"Os princípios operacionais básicos que governam a interconexão de células de um cérebro também permanecem dolorosamente elusivos", escreve o Dr. Florian Engert, um lendário professor de biologia molecular e celular da Universidade Harvard.

Sabemos *como* alguém bebe uma xícara de café, porque é fácil de ver: a pessoa segura a alça da xícara com dois dedos curvados e o polegar, toma um gole e coloca a xícara de volta na mesa. Essa ação pode ser observada por qualquer pessoa: pegar, levantar, tomar. Mas como entender a complexa interface entre a intenção da pessoa que toma o café e sua ação subsequente, a parte que *não podemos* ver – a ligação entre o neurônio e o café?

É muito, *muito* mais difícil.

Engert era supervisor de Ahrens no laboratório de Harvard antes de este abrir seu próprio laboratório, há uma década. Enquanto trabalhava para Engert – com uma bolsa de pós-doutorado –, Ahrens fez parte de uma equipe que realizou um experimento revolucionário, responsável por surpreender o mundo da ciência cerebral: ver a imagem dos neurônios de um organismo vivo – aproximadamente cem mil, nesse caso, pois eram de um peixe-zebra – em ação. Antes, apenas pedaços de atividade neural haviam sido observados de cada vez.

"Tentamos forçar os limites do que esses animais são capazes de fazer", recordou Ahrens sobre o tempo em que trabalhava no laboratório de Engert. "Existem grandes diferenças no cérebro, de um momento para outro."

Uma das observações que Ahrens fez durante esse experimento histórico com imagens de corpo inteiro – a maneira como um peixe-zebra nadava vigorosamente e depois desistia – não lhe saía da cabeça, recordou ele. "Eu retomei [o experimento] quando abri meu laboratório. Essa mudança drástica de comportamento era interessante. Um cérebro nunca é estático; mas como pode, de repente, fazer algo tão diferente? Algo está acontecendo dentro dele."

Ele percebeu que os peixes estavam fazendo o que todos os animais fazem, inclusive os humanos: desistindo de algo e retomando sua atividade, repetidamente. Mas como? E em resposta a quais sinais do cérebro?

* * *

Até as últimas décadas do século 20, os cientistas só sabiam dizer o que o cérebro fazia em dado momento identificando e medindo as substâncias químicas que piscavam entre os neurotransmissores. Isso permitia que "observassem o que *alimentava* a atividade neural, que é meio como tentar entender o motor de um carro estudando o combustível", escreve Bessel van der Kolk. Então, veio o divisor de águas: a tecnologia de imagem capaz de capturar o cérebro em ação, realizando seu trabalho. "A neuroimagem", explica ele, "tornou possível enxergar dentro do motor".

Para neurocientistas como Ahrens e Michael Bruchas, professor da Universidade de Washington cujos estudos visam a ajudar pessoas com problemas de dependência química, a neuroimagem revela os segredos do funcionamento do cérebro segundo a segundo, sinapse a sinapse.

No entanto, mesmo munidos dos equipamentos de imagem mais sofisticados já criados, descobrir como o cérebro faz o que faz ainda é um imenso desafio para os pesquisadores. Não só o cérebro é incrivelmente complexo como também nunca fica parado. "Os neurônios – influenciados por genes, pelo ambiente e, mais recentemente, por drogas viciantes – mudam sua forma e conectividade constantemente", disse-me Bruchas em seu escritório em Seattle. "Vários componentes mudam."

O escritor de não ficção Ariel Sabar criou uma metáfora útil para descrever a natureza em cadeia do cérebro e suas vastas e intrincadas interconexões: "As células trocam mensagens na forma de pulsos elétricos, que correm a velocidades de milissegundos por redes de fibras que abrangem todas as áreas do cérebro", escreveu na *Smithsonian Magazine*. "Em quase todos os momentos

[...] a Pequim do cérebro está ao telefone com sua Helsinque, com La Paz e Kampala conectados na teleconferência."

Isso se aplica à atividade mais breve, mais simples, mais comum e fútil do cérebro, como pegar aquela xícara de café. Portanto, boa sorte em tentar imaginar como ele resolve palavras cruzadas, ou compõe uma sinfonia, ou dá uma cambalhota, ou decide se deve ou não abandonar a faculdade de direito. Um comportamento como desistir, mesmo que seja apenas a interrupção temporária do movimento da cauda de um pequeno peixe-zebra, ainda é incrivelmente complexo.

A propósito, se você está se perguntando por que os laboratórios de neurociência usam o peixe-zebra para seus experimentos e por que laboratórios como os de Ahrens e Engerts têm longas prateleiras cheias de recipientes idênticos com esses peixes nadando, aguardando a convocação para o trabalho, eu me perguntei a mesma coisa. Acontece que esses peixinhos tropicais resistentes, encontrados em riachos de água doce na Índia e no sul da Ásia, são baratos e fáceis de adquirir e se reproduzem com rapidez. Também têm genes com que os cientistas podem mexer sem dificuldade, manipulando-os geneticamente para que os neurônios pisquem em verde quando estiverem ocupados. Além disso, o peixe-zebra é transparente na fase larval. Sabar disse o seguinte: "Para ler a mente dos filhotes de peixe-zebra [...] tudo que você precisa fazer é olhar".

* * *

O peixe-zebra nada instintivamente contra a corrente, fazendo um progresso lento, mas constante. Para impedir esse impulso poderoso e frustrar os peixes até que eles queiram desistir, a equipe de Ahrens usa a realidade virtual. Preparam um tanque com feedback visual: uma tela sobre a qual projetam imagens de barras móveis. Essas barras fazem os peixes-zebra acreditarem que não estão progredindo, apesar dos esforços. Não importa quanto nadem, eles sentem que não estão indo depressa a lugar nenhum.

A primeira resposta dos animais, contou Ahrens, é esforçar-se mais. Eles gastam mais energia para tentar se impulsionar para frente. Depois de pouco tempo, porém, desistem. Entram em um estado que ele chama de "passividade induzida pela futilidade". Isso deve ser familiar para você; como aprendemos no Capítulo 1, os animais não podem gastar muita energia – que é valiosa – em uma tarefa inútil, porque perecerão.

Usando técnicas de imagem, Ahrens e sua equipe conseguem ver o que acontece dentro do cérebro do peixe-zebra quando ocorre o momento de desistir, especificando o neurônio envolvido nesse comportamento. Essa identificação foi um grande avanço na ciência da desistência. Mas, durante os primeiros dias dessa pesquisa, o peixe-zebra surpreendeu os pesquisadores.

Em vez de um neurônio, recordou Ahrens, o que primeiro se acendia quando o peixe desistia era outro tipo de célula cerebral, encontrada em humanos, peixes e todos os outros animais – as chamadas *células da glia*. Ao contrário dos neurônios, elas não produzem impulsos elétricos. Às vezes, são chamadas de *células auxiliares* ou *células de manutenção*, e pensava-se que elas davam suporte apenas aos neurônios mais significativos, como no *pit stop* de um carro de corrida impressionante. "Os neurônios são otimizados para ser super-rápidos", diz Ahrens. "Sabia-se que as células da glia operavam mais lentamente." Mas, agora, os cientistas acreditam que elas têm um papel maior a desempenhar e são cruciais para funções essenciais, como processamento de memória e resposta do sistema imunológico. Sob um microscópio, essas células parecem explosões estelares bagunçadas, enroscando seus tentáculos em torno dos neurônios a cujas operações dão suporte.

"Foram feitas imagens de células da glia. Sabíamos que havia atividade nelas, só não sabíamos para que serviam", explica Ahrens. "Sempre tive dificuldade de acreditar que elas estavam lá só para dar suporte aos neurônios saudáveis."

Dos três tipos de células da glia, acrescentou Ahrens, as conhecidas como astrócitos foram ativadas no momento em que o peixe desistiu.

Um relatório sobre o experimento foi publicado em 2019 na revista *Cell,* e aqui está um breve resumo do que acontece: as células da glia monitoram os esforços do peixe-zebra e, quando um limite é ultrapassado – os pesquisadores ainda não sabem o que é esse limite, mas talvez seja um certo número de tentativas –, uma mensagem é enviada para outro grupo de neurônios. É uma mensagem direta: *desistam.*

Portanto, é o astrócito, antes desconhecido, em vez do tão badalado neurônio, que reage à frustração do peixe e lhe permite jogar a toalha.

"Nós estabelecemos que os astrócitos são essenciais para completar esse circuito neural", diz Ahrens. Isso foi muito importante no mundo da neurociência. "Havia muitas hipóteses sobre o que os astrócitos poderiam fazer, mas isso ainda não havia sido esclarecido em um cérebro vivo."

Para confirmar sua hipótese, Ahrens usou um laser para desativar os astrócitos envolvidos no processo de desistência. O resultado foi um animal que faria as delícias de um Vince Lombardi moderno: um peixe sem o botão de "desligar". "Se removermos ou silenciarmos essas células [astrócitos]", conta Ahrens, "teremos um peixe que, basicamente, nunca desistirá".

Quando sua equipe manipulou os astrócitos para que as células da glia permanecessem ativas, criou-se o oposto: um peixe que desistia, que parava de nadar. Os cientistas nem precisaram recorrer ao truque da realidade virtual para fazer os peixes acreditarem que seus esforços eram inúteis. Com os astrócitos ligados, nem se davam ao trabalho de tentar.

* * *

Sem querer desrespeitar o peixe-zebra, mas o que esses avanços significam para os seres humanos? Qual é a recompensa para você, para mim e qualquer pessoa que esteja tentando criar uma vida mais feliz e produtiva?

Sabemos que desistir é uma função central do cérebro. Esses "estudos científicos básicos", como Ahrens se refere a eles, ajudam a lançar as bases para o próximo nível: ciência e medicina aplicadas. Na neurociência, não se pode pular etapas. O conhecimento é construído um sobre outro. Pois bem, os astrócitos podem ser ajustados para regular o impulso de desistir – ou não desistir – no cérebro humano?

"É plausível", reflete Ahrens, "que entremos no mesmo tipo de estado passivo como resultado do mesmo mecanismo. Mas isso ainda é desconhecido".

Por enquanto, as implicações finais de seu trabalho para os seres humanos podem demorar muitos anos e demandar outros tantos experimentos. Atualmente, Ahrens e sua equipe continuam investigando como os astrócitos fazem seu trabalho. A pergunta é: quais substâncias químicas são liberadas – e em que ordem, suprimindo ou iniciando a atividade nos neurônios – para dizer ao peixe que desistam ou continuem?

Tudo que Ahrens pode afirmar é que estamos mais perto que nunca de entender como o cérebro regula o esforço e o interrompe quando não está contribuindo para as perspectivas de sobrevivência do organismo. Mesmo seu próprio trabalho exigindo um esforço incessante durante um longo período, ele aceita meu argumento sobre o valor duvidoso da perseverança: "Não gosto desse 'nunca desista'. Nem sempre é a estratégia certa. É preciso ignorar o fato de que se esforçou muito; isso não torna o resultado mais valioso", reflete.

* * *

Michael Bruchas reflete muito sobre o pensamento.

Isso faz parte de seu trabalho de neurocientista. Mas, ao conversar com Michael – e sentir sua empolgação quando ele descreve os avanços que fez nos últimos anos com uma equipe de trinta pessoas em seu laboratório na Universidade de Washington –, você percebe que é muito mais que um trabalho para ele. "Sou apaixonado por isso", confirma.

Seu título oficial é a prova da complexidade de seu trabalho. Ele é professor de anestesiologia e medicina da dor e de farmacologia, com nomeação conjunta no Departamento de Bioengenharia e no Centro de Neurobiologia da Dependência Química, Dor e Emoção da faculdade.

Bruchas conhece os dons e as glórias do cérebro, como nos permitir escalar montanhas, tricotar cachecóis, escrever sonetos, resolver equações matemáticas e preparar um suflê. Mas ele também está ciente de como esse mesmo órgão pode provocar sofrimento terrível e dor emocional contínua para quem sofre de doenças mentais – de depressão clínica a esquizofrenia e transtornos de ansiedade, de dependência de drogas e álcool a alimentação excessiva e transtornos obsessivo-compulsivos.

Quanto mais soubermos sobre o cérebro, acredita Bruchas, mais perto estaremos de poder aliviar esse sofrimento. E quanto mais soubermos sobre a desistência – os momentos em que o cérebro decide mudar de comportamento –, mais saberemos sobre o cérebro como um todo.

Momento bandeira branca

Decidi que entenderia a teoria de Einstein. Encontraria um livro e traduziria todas as palavras desconhecidas para outras que eu conhecia. Então, fui à Biblioteca Widener procurar um livro, de preferência de Einstein, visto que ele, obviamente, entendia a teoria. Nas três primeiras páginas, fui bastante bem. Mas, no segundo dia, eu me deparei com uma equação [que era incompreensível]. Assim terminou minha tentativa. Eu havia dado de cara com uma parede. Esse foi o passo importante [...] No final do segundo ano, achei que entendia o suficiente pelo menos da base filosófica da relatividade para que uma conversa com Einstein fosse esclarecedora.

– JEREMY BERNSTEIN

"Duas populações seriam ajudadas" por sua pesquisa sobre desistência, explicou Bruchas. "Pessoas deprimidas que não têm motivação suficiente. E, no lado oposto, o dependente de drogas, que é motivado demais, mas voltado para as coisas erradas. Se pudermos atingir certos receptores, poderemos modular determinados comportamentos. Nosso foco é entender a neuromodulação."

"No cérebro", prosseguiu, "há sinais elétricos e químicos. Estamos focados nos transmissores químicos, que são os moduladores". Em experimentos com camundongos e ratos, "conectamos e desconectamos os sinais químicos". Bruchas me disse que esses sinais são recebidos por "uma classe de receptores, que evoluíram durante milhares de anos. Estamos tentando entender os mensageiros".

Em 2019, Bruchas e sua equipe relataram um avanço: identificaram o local onde ocorre a interação entre os neurônios envolvidos na motivação – chamados de nociceptina – e os receptores com os quais eles se ligam, além de como essa interação aconte-ce. Na parte do cérebro chamada área tegmental ventral (VTA), esses neurônios especiais liberam nociceptina, que suprime a dopamina. O VTA está localizado no centro do cérebro.

Hoje em dia, a maioria das pessoas já conhece a dopamina, devido à sua reputação de organizadora de festas do cérebro, garantindo que todos se divirtam. É responsável pelas sensações prazerosas que recebemos de coisas como comida, sexo e música. Mas a dopamina, essencialmente um mensageiro químico que pipoca entre os neurônios, está associada à motivação e aos bons momentos. Suprimindo a dopamina – que está entre as coisas que as moléculas de nociceptina fazem –, teremos um desistente.

Em seus experimentos, Bruchas e seus colegas notaram que, quase no mesmo momento em que um camundongo decide que já está farto e para de fazer o que está fazendo, os neurônios da nociceptina se tornam mais ativos. A dopamina é suprimida pela liberação da nociceptina, que, como explica Bruchas, envia uma proteína que se liga aos receptores e bloqueia a captação de dopamina. Sem a sensação de satisfação fornecida pela dopamina, o camundongo desanima e desiste.

Assim sendo, os neurônios da nociceptina desencadeiam a desistência, ou a desistência desencadeia os neurônios da nociceptina?

"Ainda não sabemos", reconheceu Bruchas. A resposta – que ele e sua equipe estão trabalhando assiduamente para determinar – pode contribuir com detalhes para, um dia, oferecer alívio a pessoas que enfrentam problemas como jogo compulsivo e outros vícios.

"Imagine uma pessoa jogando em um caça-níqueis", disse ele. "Ela coloca dinheiro sem parar. E vai continuar colocando. Mas, em algum momento, há um limite. Ela desiste." Ele e seus

DESISTIR

colegas replicaram esse cenário no laboratório: quando um rato apertava um botão com o nariz, recebia uma bolinha de comida. "Quer outra? Agora você tem que apertar duas vezes. Agora quatro. Agora dezesseis. Funciona em escala exponencial. Até que o rato diz: 'Não vou fazer isso cem vezes'. Ele atinge seu ponto de ruptura."

Todo mundo conhece essa sensação: chega um momento em que simplesmente nos cansamos. Quebramos. Podemos chamar isso de "a gota d'água". Ficamos fartos e desistimos.

Observar o cérebro do rato naquele instante – chamemos de momento "para mim, chega" – e ver que coincide com o súbito aumento dos neurônios da nociceptina foi uma descoberta crucial, diz Bruchas. Sua esperança é que a divisão de P&D de alguma empresa farmacêutica um dia crie drogas para manipular a atividade na VTA, ajudando a interromper o vício.

"Mas é complicado", adverte. "Não sabemos o que acontece em outras células. Podemos querer bloquear uma coisa, mas não outra. Estamos sempre nos perguntando: 'Por que essa parte do cérebro está aí? Por que foi projetada dessa maneira?'. A perseverança é regulada de maneira natural pelo cérebro, possivelmente por meio de caminhos múltiplos."

* * *

Para nosso cérebro, desistir não é simples. Na verdade, está entre as manobras mais difíceis que lhe pedimos para fazer, disse o Dr. Thilo Womelsdorf, da Universidade de Vanderbilt, porque requer uma capacidade que os pesquisadores estão apenas começando a entender em toda a sua amplitude e complexidade: a flexibilidade cognitiva.

Mas o bom é que, quanto mais vezes você pedir a seu cérebro para fazer algo que nunca fez antes, para tentar algo novo – ou seja, seguir em outra direção depois de abandonar a atual –, melhor ele vai ficando nisso. Um cérebro ativo é um cérebro feliz. Desistir é como aeróbica para o cérebro.

Em experimentos recentes, diz Womelsdorf, os pesquisadores descobriram que é um desafio para o cérebro tomar decisões que ele chama de "ficar ou ir": "Para que o cérebro saiba se deve mudar para algo novo, precisa integrar todas as outras opções disponíveis. 'Que mais há por aí? Quanto você já recebeu e quanto vai receber?' Para ter o material necessário para decidir se fica ou vai embora, muitas áreas do cérebro devem estar conectadas".

Womelsdorf, professor associado de psicologia e ciência da computação em Vanderbilt, me explicou, em seu escritório em Nashville, que nosso cérebro parece ter áreas especiais reservadas só para esse propósito: exercitar a flexibilidade para mudar de rumo – ou *não* mudar de rumo, se a situação atual for considerada melhor que aquela que encontrará após a mudança.

Em um relatório de 2020, publicado no *Proceedings of the National Academy of Science,* Womelsdorf e seus colegas dos departamentos de Engenharia e Informática da universidade e do Vanderbilt Brain Institute discutem os resultados de experimentos mostrando onde se localizam essas áreas e como funcionam.

"Sabemos que várias áreas do cérebro são responsáveis", diz Womelsdorf. Uma área promissora se encontra abaixo do córtex externo, nos gânglios da base, que abriga neurônios que nos permitem dominar as habilidades motoras finas necessárias para atividades como tocar piano. Womelsdorf e seus colegas especulam que a mesma flexibilidade física que permite, digamos, que uma mão se estique até uma oitava no teclado de um piano também ajuda o cérebro em sua flexibilidade decisória, pois reflete sobre opções, estratégias e possíveis resultados.

Em conjunto com o Centro de Pesquisa da Visão da Universidade de York, em Toronto, Womelsdorf e seus colegas realizaram experimentos nos quais mediram a atividade das células cerebrais durante a realização de tarefas complicadas, como fazer escolhas entre várias possibilidades. O cérebro respondeu com entusiasmo, tornando-se mais ativo quando um problema era especialmente intimidador.

Uma vez que um desafio era dominado – uma vez que o cérebro tinha certeza do resultado –, a atividade neuronal diminuía. Mas um novo problema fazia com que ele funcionasse de novo. No cérebro, a familiaridade gera complacência.

Kianoush Banaie Boroujeni, um pesquisador da equipe de Womelsdorf e primeiro autor do relatório, resume as descobertas da seguinte maneira: "Esses neurônios parecem ajudar os circuitos cerebrais a reconfigurarem e se desprenderem de informações antes relevantes e de conexões tênues, a fim de acessarem informações novas e relevantes". Em outras palavras, o cérebro se diverte muito enfrentando o desafio.

A plasticidade do cérebro – sua capacidade de mudar ao longo da vida e se adaptar a novas circunstâncias, inclusive se reconectando, quando necessário – agora é bem conhecida. Antes, os cientistas pensavam que o cérebro era como uma caixa-preta; o número de neurônios que a pessoa tinha ao nascer era tudo que teria. Mas agora sabem mais. É por causa da plasticidade que pessoas de setenta anos aprendem a tocar clarinete ou a dançar tango. Foi assim que Todd Parker foi capaz de passar de professor de literatura a enfermeiro, dominando um conjunto de habilidades totalmente diferentes, bem como uma grande quantidade de novas informações.

Mas e se o cérebro não for capaz de fazer essas coisas? Às vezes, uma incapacidade inata ou adquirida pode interferir na cognição. Quando os neurônios que permitem a flexibilidade cognitiva não funcionam adequadamente, diz Womelsdorf, as pessoas não *conseguem* mudar sua atenção de uma tarefa para outra. Ficam empacadas. Não conseguem se adaptar a um novo ambiente.

Por outro lado, sua atenção pode mudar *muito* facilmente e lhes trazer o problema oposto: são "incapazes de se concentrar em informações importantes pelo tempo que for". Womelsdorf espera que sua pesquisa possa, um dia, ajudar pessoas que sofrem de transtorno obsessivo-compulsivo e outros problemas. Para esse fim, ele e seus colegas de outros departamentos da Vanderbilt estão desenvolvendo medicamentos para tratar doenças como esquizofrenia, entre outras que causam declínio mental, como o Alzheimer. Saber mais sobre o que acontece no cérebro enquanto ele trabalha, além de onde e como esse trabalho ocorre, ajudará nesse esforço, garante ele.

Porém, com tudo que sabemos, mal chegamos ao limiar de entender as redes neurais que fundamentam a flexibilidade cognitiva, adverte Womelsdorf. Os neurônios participam de "trocas e mudanças muito rápidas" que nos permitem tomar decisões de desistir ou continuar. "Existem neurônios que inibem outros, quando precisamos abandonar um comportamento. Ele desinibe as coisas que queremos fazer. Esses eventos neuronais nos permitem desistir de uma coisa e fazer outra."

De fato, pode ser que existam "circuitos que nos fazem desistir e tentar outra coisa". Sua pesquisa tem um objetivo geral que é, ao mesmo tempo, simples e surpreendentemente complexo: encontrá-los.

* * *

O cérebro prospera com desafios. Como os pesquisadores demonstraram em vários experimentos, abandonar uma atividade e iniciar outra cativa o cérebro, aumentando sua capacidade de resolução de problemas e aprimorando seu desempenho à medida que realiza novas tarefas. Nisso, somos muito parecidos com outros animais: nosso cérebro, quando funciona adequadamente, parece projetado para desistir regular e estrategicamente.

DESISTIR

Mas, de uma maneira crucial, não nos parecemos com outras criaturas, e essa distinção sugere uma possível causa de nossa atitude conflitante em relação à desistência. Mesmo quando desistir é a escolha inteligente, algo pode interferir em nossa decisão.

"Às vezes somos, de fato, como qualquer outro animal", escreve Sapolsky em *Comporte-se: a biologia humana em nosso melhor e pior*, e os pesquisadores podem nos agrupar com outras criaturas e fazer amplas generalizações sobre o que fazemos e por quê. Mas nem sempre, acrescenta: "Às vezes, a única maneira de entender nossa humanidade é considerar apenas os humanos, porque fazemos coisas que são únicas [...]. Construímos culturas baseadas em crenças sobre a natureza da vida e podemos transmitir essas crenças por diversas gerações".

Não importa se gostamos de acreditar que somos pensadores independentes e que tomamos nossas próprias decisões: fazemos parte do mundo social mais amplo. Não podemos escapar disso. Nosso cérebro não é uma máquina hermeticamente fechada de puro pensamento. Como Van der Kolk nos recorda, "o ambiente social interage com a química do cérebro". E o naturalista Bernd Heinrich coloca assim, em seu livro *Life Everlasting: The Animal Way of Death*: "A cultura é como o giz e o calcário, feitos de organismos de eras passadas sob nossos pés. É o resíduo de nosso conhecimento, fraquezas e aspirações que se acumularam ao longo dos tempos. É a vida imaterial que nosso cérebro absorve por meio de nossos olhos e ouvidos, da mesma maneira que as plantas absorvem nutrientes por meio de suas raízes".

Vivemos em meio a representações artísticas dessas ideias – livros, filmes, séries de televisão, músicas, tweets, memes, anúncios, poemas, outdoors, slogans, posts do Instagram e videogames que nos cercam. Eles nos moldam, criando nossos desejos, influenciando nossas atitudes e nossas ações.

Mas também fazem outra coisa por nós: eles nos dizem o que pensamos sobre a desistência.

Pense nisso

Quer manter seu cérebro ágil e flexível, mas não sabe como? O cérebro é como o corpo: anseia por movimento e mudança. Portanto, vale a pena reavaliar métodos e objetivos com frequência, refletir sobre possibilidades e alternativas para sua vida. Se decidir desistir, não veja isso como uma rendição: veja como aeróbica para o cérebro.

CAPÍTULO 3
Jennifer Aniston pede demissão — a bela arte de dizer "fui"

Será meio confuso, mas aceite. Será complicado, mas alegre-se com as complicações [...] E não se assuste. Você sempre pode mudar de ideia. Disso eu entendo: tive quatro carreiras e três maridos.
NORA EPHRON

EM UMA CENA DO CLÁSSICO CULT *Como enlouquecer seu chefe*, de 1999, Joanna (Jennifer Aniston) está farta de Stan – seu patrão palhaço de óculos – e dos bótons ridículos que ela tem que usar no uniforme de garçonete. Quando Stan lhe diz pela enésima vez que ela não tem "estilo", ela explode.

Porque, para ela, já deu. Chega. Ela estava *até aqui*, entende?

O que acontece depois foi visto mais de um milhão de vezes no YouTube: um meme que significa desafiar todas as regras idiotas estabelecidas por todos os chefes idiotas em todos os locais de trabalho que sugam nossa alma desde o início dos tempos. Joanna declara: "Eu odeio este emprego. Eu odeio este maldito emprego e não preciso dele!".

E então, mostrando o dedo do meio, ela vai embora.

A popularidade da cena revela a grande ressonância do ato de desistir. Porque, embora a desistência nasça no cérebro, o cérebro vive no mundo – o mundo cultural, o mundo do *Como enlouquecer seu chefe* e outras representações criativas da desistência.

Não importa como consideremos o gesto de Joanna – como uma questão de princípios na luta pelos direitos dos trabalhadores contra a fria máquina corporativa, ou como um ataque mesquinho –, ninguém fica indiferente a ele. Ninguém fica neutro. Do mesmo modo, ninguém pôde assistir com indiferença ao penúltimo episódio da segunda temporada da série de sucesso *Hacks*, da HBO Max, em 2022, quando Jimmy (Paul W. Downs) larga dramaticamente seu emprego de agente. Ou você torce ou se contorce. Você aplaude ou revira os olhos diante da tolice dele. Não há meio termo. É por isso que as cenas de desistência são um bom índice para avaliar como você encara o ato de desistir.

Depois de ver Jimmy e Joanna tomarem suas decisões, você estaria mais inclinado a fazer o mesmo da próxima vez que um chefe o criticasse? Ou o contrário? Se você costuma ser muito imprudente, muito louco, ver alguém largar o emprego por impulso o deixará um pouco mais paciente e contido? De fato, talvez seja para isso que as mudanças sirvam, reflete Matthew Specktor em seu livro de memórias sobre Los Angeles, *Always Crashing in the Same Car*: para nos relembrar quem somos. "A arte convida à identificação", escreve ele, acrescentando: "Acredito que arte e vida se perseguem". Não que o entretenimento tenha que ser didático, mas é que podemos desistir vicariamente por meio de personagens de filmes, programas de televisão e livros. Podemos observar como esse tipo de renúncia nos faz sentir: presunçosamente libertados ou servis e arrependidos?

"Existe uma razão para que essas cenas se tornem memes populares", diz Emily Zemler, uma escritora de entretenimento de Londres. "Uma única cena tem muito significado." Ela cita o momento, em *Mad Men*, em que Peggy Olson (Elisabeth Moss) pede demissão e "caminha pelo corredor com sua caixa de pertences e um cigarro". Somos atraídos por essas cenas porque, como me explicou Zemler: "Elas se tornam cifras para nossos desejos, em especial aqueles que talvez não tenhamos a oportunidade de realizar. Desistir exige muita coragem e é um movimento bastante arriscado. Quem nunca quis mandar à merda um chefe chato ou largar um emprego bosta em grande estilo? É um sonho compartilhado por muitos, mas poucos conseguem realizar".

Em geral, cenas como essas não são a norma, e talvez por isso elas nos provoquem uma emoção subversiva. Com mais frequência, vemos a desistência ser descrita como a pior coisa que alguém pode fazer, como o último refúgio do preguiçoso, do medroso. Nossos clássicos heróis do cinema são gente que não desiste: Will Kane, personagem de Gary Cooper em *Matar ou morrer* (1951), enfrenta os bandidos sozinho enquanto o restante da cidade amarela; Rooster Cogburn (John Wayne), em *Bravura indômita* (1969), não abandona sua busca por justiça; Karen Silkwood (Meryl Streep), em *Silkwood: o retrato de uma coragem* (1983), está determinada a expor a verdade mesmo pondo em risco sua vida. Esses filmes icônicos ajudam a reforçar a ideia de que desistir é a saída do covarde.

"Acho que a maioria das pessoas subestima o profundo impacto que a mídia provoca em nós", diz Devon Price, psicólogo social e autor de *Laziness Does Not Exist: A Defense of the Exhausted, Exploited, and Overworked*. "Portanto, não é surpresa que ser bombardeado repetidamente por imagens de heróis durões, corajosos e independentes, durante décadas, tenha um impacto intenso sobre nós."

Price continua: "Vivemos cercados por clichês da mídia desde muito jovens, e ninguém nos ensina a interrogar ou questionar essas mensagens. Desde cedo, somos atropelados por programas de televisão, anúncios, filmes e, agora, vídeos nas redes sociais, os quais usamos para fazer inferências lógicas sobre o funcionamento do mundo, sobre quem somos neste mundo e como se espera que nos comportemos. Isso afeta o comportamento humano de muitas maneiras, já amplamente documentadas".

As imagens culturais são influências sutis, mas bem eficazes, acredita Price. "Temos a tendência de consumir passivamente a mídia quando estamos cansados, solitários, procurando uma fuga, de modo que não nos encontramos no estado de espírito de questionar o que absorvemos. Dessa maneira, fica muito fácil que nossas expectativas e pontos de vista sejam moldados pela mídia no decorrer do tempo."

E é assim, como me disse Price, que o mito da perseverança consegue fazer seu trabalho sujo antes que tenhamos plena consciência disso. "Essas mitologias de coragem e perseverança também estão profundamente ligadas a nossos mitos nacionais sobre o que são os Estados Unidos, à ética de trabalho protestante e à nossa programação religiosa e cultural. Servem apenas para aprofundar esse condicionamento."

Não é à toa que a maioria das pessoas quer aplaudir quando Joanna mostra o dedo do meio a seu gerente, um idiota sem noção. Ou quando Jimmy rejeita a ordem direta de seu chefe de dispensar a cliente Deborah Vance (Jean Smart), por ela não ser jovem e descolada, e se demite. É como assistir à Carga da Brigada Ligeira.

A cultura se infiltra em todos os cantos de nossa vida. Quando Ezra Klein precisou de um título para um episódio do seu podcast no *New York Times*, de 18 de junho de 2021, sobre a economia após a pandemia, não optou por um que fizesse referência ao Federal Reserve ou a títulos garantidos por hipotecas. Ele o chamou de "Welcome to the 'Take This Job And Shove It' Economy" [Algo como "Bem-vindo à economia do 'pegue esse emprego e enfie no nariz'"], fazendo referência à famosa balada country de 1978, escrita por David Allan Coe e cantada por Johnny Paycheck.

DESISTIR

A literatura clássica também está cheia de temas de desistência, independentemente de há quanto tempo a obra foi escrita. Romances e peças contêm momentos de grande drama, que ecoam um dilema que você pode estar enfrentando aqui e agora: como Isabel Archer em *Retrato de uma senhora*, de Henry James, ou Nora em *Uma casa de bonecas*, de Henrik Ibsen, talvez você esteja diante da escolha entre libertar-se de um relacionamento meia-boca e ficar onde está, apenas para seguir as convenções. Como Ahab em *Moby Dick*, talvez você esteja enfrentando uma obsessão doentia, que está desesperado para abandonar.

Se você acha que todas as cenas de desistência são parecidas – alguém lança um ultimato (ou um arpão) e sai correndo – e que as emoções desencadeadas por elas são quase as mesmas, precisa analisar a situação com mais atenção.

Desistir *nunca* é tão simples.

* * *

No icônico filme de 1982 *A força do destino*, Zack Mayo (Richard Gere) aspira a ser oficial da Marinha. Só que ele consegue irritar o sargento Foley (Louis Gossett Jr.) muitas vezes, e este tenta fazê-lo desistir, forçando-o a um extenuante regime de proezas físicas. Levado ao limite por dor e exaustão, Zack enfim grita: "Não, senhor! Você pode me expulsar daqui, mas não vou desistir!".

Aqui, a possibilidade de alguém desistir acende a emoção oposta à de quando a personagem de Aniston explode. Em *Como enlouquecer seu chefe*, desistir significa liberdade. Em *A força do destino*, significa devastação emocional: Zack Mayo corre o risco de perder seus companheiros, seu senso de pertencimento, sua própria identidade. Torcemos para que Joanna largue o emprego e vá embora; mas, se Mayo fizer isso, ficaremos arrasados. Esses momentos dizem muito sobre nós mesmos, sobre nossa ambivalência no que se refere à desistência e nossa relação de amor e ódio com o ato de sucumbir à pressão.

Talvez você goste da cena em que Bridget Jones (Renée Zellweger), em *O diário de Bridget Jones* (2001), oferece uma ótima frase de despedida a seu chefe arrogante, Hugh Grant, antes de ir embora: "Se para trabalhar aqui tenho que ficar a menos de dez metros de distância de você, francamente, prefiro um emprego limpando a bunda de Sadaam Hussein". Ou o momento excruciante, mas hilário, de *Jerry Maguire* (1996), quando o protagonista interpretado por Tom Cruise sai com brio, exortando seus colegas a segui-lo porta afora. Só Dorothy (Zellweger) o segue. Ou a série *Pivoting*, de 2021, quando um grupo de amigas reage à morte de uma delas largando a vida suburbana e certinha que levavam e dando uma guinada em direção ao desconhecido. E a mais importante ruptura com a convenção: quando Sarah (Maggie Q) larga seu emprego de cirurgiã de trauma para trabalhar por um salário-mínimo em uma mercearia. E, pela primeira vez em sua vida, se vê feliz. (Isso pode parecer fantasioso, mas tenho uma amiga que é médica de emergência e me disse que esse é seu momento favorito de todos os programas de televisão, além de que sonha em imitá-la.)

Com muito mais frequência, porém, o ato de desistir tem um viés negativo. Na estreia da série *Abbott Elementary*, em 2022, uma professora anônima sai de uma escola carregando uma caixinha de papelão com seus pertences: réguas, lápis, xícara de café. Sem olhar para trás, ela mostra o dedo do meio para a escola. (Ao contrário da cena de Aniston, a ação é pixelada.) Ela desistiu das crianças porque eram demais para lidar. Mas esse tipo de desistência não é nobre; é mesquinho e egoísta.

Assistir a essas cenas pode ser terapêutico, teoriza Zemler: "Quando uma personagem que amamos desiste, conseguimos sentir em nós sua tenacidade e ousadia. Esse sentimento pode nos inspirar a fazer grandes mudanças, ou nos encorajar, trazer

DESISTIR

uma sensação de que não somos os únicos a querer largar empregos sem futuro e sem sentido". Ou os significativos também, quando se tornarem estressantes demais.

* * *

Muitas cenas de desistência começam engraçadas, com um ato exagerado, como a demissão obscena de Aniston em *Como enlouquecer seu chefe*; mas, depois de um tempo, a risada morre na garganta do espectador. Ele tem a sensação de que algo mais sério está acontecendo, e daí em diante tudo é desconhecido e, talvez, meio desequilibrado. Certa apreensão percorre esses filmes, um frisson de imprudência e medo. Aquilo que está sendo deixado para trás, seja um emprego, um filho, um marido, uma esposa ou qualquer tipo de responsabilidade adulta, é como o último pedaço de terra firme antes de uma queda livre para ninguém sabe onde. Anarquia é coisa divertida, mas só temporariamente.

> **Momento bandeira branca**
>
> A personagem que interpretei [em *The Colbys*] foi Constance Colby Patterson [...]. Saí da série depois da primeira temporada. Sentia que estava dizendo as mesmas coisas, semana após semana; as pessoas só viam alguma diferença em minha interpretação porque eu usava vestidos diferentes [...]. Constance não estava indo a lugar nenhum — mas eu estava, por isso desisti!
> — BÁRBARA STANWYCK

Às vezes, quando se dá o momento de desistir, pode parecer maluco e legal, mas logo uma realidade preocupante se instala. O público – assim como as personagens que jogaram tudo para o alto em um momento impulsivo – se pergunta: "E agora?". É o que acontece na famosa cena final de *A primeira noite de um homem* (1967), quando

Elaine (Katharine Ross) deixa o marido no altar para fugir com Benjamin (Dustin Hoffman). Sentados lado a lado no ônibus, a expressão dos dois vai murchando, indo da excitação à incerteza. *Que diabos acabamos de fazer?* é o que parecem querer dizer. Desistir sempre tem um preço.

Tammy: fora de controle (2014) acompanha a vida de uma mulher problemática e recém-demitida (Melissa McCarthy), que manda o mundo à merda e cai na estrada com sua avó rabugenta (Susan Sarandon). Começa como uma daquelas brincadeiras tipo *"não acredito!"*, mas, gradualmente, uma espécie de pavor rastejante toma conta da personagem; tudo vai dando errado. Nada é seguro ou previsível, só estranho e inquietante. Já *Eddie, o ídolo pop* (1983) conta a história de um astro de rock (Michael Pare) que desaparece no momento em que sua carreira está ganhando força, e o mistério de seu abandono nunca é resolvido. Nesses filmes, a desistência não é moderna e engraçada. É desesperadora, tensa e perigosa.

A desistência aparece com frequência em nossas histórias favoritas – uma prova de seu lugar central na experiência humana. Quando nos vemos rindo dela em uma comédia ou cantando-a em uma canção, ou nos comovemos ao vê-la em um drama, lembramos que o ato de desistir é importante e transformador. Ler um poema como "Do Not Go Into That Good Night", de Dylan Thomas, em que um pai moribundo é instado a resistir à morte, a "enraivecer-se contra a morte da luz", pode nos deixar abalados – mas de duas maneiras bem diferentes.

Para algumas pessoas, esse poema é comovente, interpretado como um forte testemunho da importância de lutar pela vida até o último suspiro, como uma ordem urgente para nunca desistir. Outras o veem como relutância em aceitar a inevitabilidade da morte. O que significa para você? A questão de desistir – neste caso, da própria vida – é uma espécie de teste de Rorschach em relação a uma jornada que todos faremos, um dia.

DESISTIR

* * *

"E dizer *sim* a essa versão de sua vida significaria dizer *não* a outra", reflete o narrador do livro de Dana Spiotta, lançado em 2021, *Wayward*, que tem um ato simples, mas cataclísmico, de desistência em sua essência. "O que quer que ela fosse – a soma total de 53 anos nesta Terra, nesse corpo – era insuficiente para o que viria a seguir. Claramente, ela tinha que mudar."

A "ela" do romance é Samantha Raymond, uma mulher de classe média alta que está com problemas para dormir. Está com problemas com muitas coisas, na verdade: do casamento à maternidade. O marido não a entende. A filha adolescente a ignora. A mãe dela está morrendo. Ela não sabe o que fazer. E o que ela faz, então? Compra uma casa velha e se muda para lá. Sozinha.

Ela desiste da vida do jeito que está para conseguir... o quê? Esse é o risco: às vezes, você não sabe enquanto não faz, e depois já é tarde demais para *desfazer*.

"*Desistir* é uma palavra negativa", diz Spiotta em seu escritório na Universidade de Syracuse, onde leciona escrita criativa. "Mas você tem que desistir antes de poder fazer outra coisa. A casa fala com Sam. Ela se deixa seduzir pela possibilidade de outra vida. Talvez ela consiga se refazer ao se mudar para outro lugar."

> **Momento bandeira branca**
> Larguei a faculdade no segundo ano. Achei que fosse o que eu precisava fazer para ser escritora. Foi bem dramático. E me divorciei. Às vezes, ficamos muito investidos no status quo. A inércia se instala. Só percebemos que estávamos presos ao sair. É preciso um salto para desistir.
> – DANA SPIOTTA

Ao escrever *Wayward*, diz a autora, ela estava tentando "lidar com a questão: 'Você pode realmente deixar seu passado para trás?'. Talvez não possa. Você pode recomeçar, tentar ser feliz, mas vai sentir o julgamento da sociedade se largar um emprego ou um casamento".

Desistir funciona bem como recurso para um enredo, porque é "dramático e complicado", diz Spiotta. "É difícil saber se você está fazendo algo porque está fugindo ou correndo em direção a isso."

O livro de Spiotta está em boa companhia. A reinvenção por meio do ato ousado de desistir é algo crucial para personagens da literatura clássica, de Huck Finn e Jim descendo o rio em *As aventuras de Huckleberry Finn* (1885), de Mark Twain, até a fuga de Jay Gatsby de seu passado em *O grande Gatsby* (1925), de F. Scott Fitzgerald.

As ações dessas personagens fazem você pensar: "Que diabos?" ou "Eu entendo!". Sua reação a esses romances pode lhe dizer quanto controle você acredita que um indivíduo tem sobre a própria vida. Você seria capaz de deixar sua família e se reinventar do zero, como Gatsby? Poderia mudar sua vida abandonando a civilização e descendo um rio de jangada? Ou acabaria voltando a quem costumava ser?

Como escreve Adam Philips em seu ensaio de 2022 "On Giving Up", publicado na *London Review of Books,* desistir energiza as histórias de Franz Kafka, as peças de Shakespeare, em especial *Macbeth* e *Rei Lear,* e os ensaios de Sigmund Freud. "Nossa história de desistência – ou seja, nossa atitude em relação a ela, nossa obsessão por ela, nossa negação de seu significado – pode ser uma pista para [...] as crenças, as frases, em torno das quais nos organizamos", escreve Philips, que é psicoterapeuta.

Ele apresenta uma definição inventiva de heróis trágicos: diz que são "exemplos catastróficos da incapacidade de desistir". É uma nova maneira de ver Lear, Hamlet, Macbeth e Otelo, personagens movidos por compulsões das quais não conseguem se livrar, como vingança, ambição e ciúme – estados de espírito que os mantêm cativos de maneira mais rigorosa que um bandido com uma arma na mão.

A tensão entre desistir ou não é o que torna o tema tão ideal para o drama, escreve Phillips: "Comumente, tendemos a pensar na desistência como falta de coragem. Tendemos a valorizar, e até idealizar, o ato de resistir, de terminar as coisas em vez de abandoná-las. A desistência deve ser justificada de uma maneira que a conclusão não faria; em geral, desistir não nos dá orgulho de nós mesmos; está aquém de nosso eu preferido".

Mas, para o capitão Ahab, personagem em furiosa busca pela baleia branca que dá título ao livro *Moby Dick*, de Herman Melville, desistir é o oposto. É a única coisa que ele quer dominar, mas não consegue; é o objetivo que ele não pode alcançar. Não conseguir desistir de sua longa busca é a causa de seu tormento: "O que é essa coisa sem nome, inescrutável, sobrenatural? Que senhor é esse, mestre acolhedor e oculto, imperador cruel e implacável, que me comanda; que, contra todos os amores e anseios naturais, eu continuo forçando; e me aglomerando, e me bloqueando o tempo todo [...]. Ele ruge e geme para Starbuck."

* * *

"Pegue esse emprego e enfie no nariz" parece muito distante do *Don Giovanni* de Mozart, mas ambos lidam com a desistência de maneira criativa. Donna Elvira implora ao protagonista que abandone seu jeito promíscuo de ser. Sem chance. Percebendo que isso nunca vai acontecer, ela fica indignada. Don Giovanni paga um preço alto por sua conduta lasciva – isso se você achar que ser arrastado para o inferno não é uma maneira lá muito boa de passar seus anos dourados –, e Donna Elvira vai para o convento.

Esse resumo provém de Roger Pines, dramaturgo da Lyric Opera of Chicago por quase um quarto de século. Quando lhe perguntei sobre o tema da desistência em óperas conhecidas, ele não hesitou; em um piscar de olhos, já tinha uma longa lista. Vejamos alguns destaques.

Em *La Traviata*, de Verdi, Violetta desiste de sua esperança na felicidade com Alfredo, tendo primeiro renunciado à sua vida como cortesã. Em *La Perichole*, de Jacques Offenbach, Perichole abandona sua vida nas ruas com Piquillo; e em *Das Rheingold*, de Richard Wagner, Alberich é forçado a renunciar ao anel que criou. "Alberich amaldiçoa o anel e todo o problema começa", explica Pine, que "dura mais três óperas". Desistir – seja de um amor, da felicidade ou da própria vida – está no cerne da ópera, diz ele.

> **Momento bandeira branca**
> Quando eu tinha dezoito anos, pensei: "Não vou mais tocar". Clarinete era minha paixão, algo que eu realmente amava. Lembro-me de pensar: "Sou muito boa nisso!". Mas eu achava que precisava de uma carreira que me permitisse ganhar dinheiro. Eu desistia muito quando era criança, porque era perfeccionista [...]. Peguei um clarinete no fim de semana passado. Primeira vez em quarenta anos! E todo meu conhecimento musical voltou.
> – DIANE CASEY

A sombra da desistência recai sobre todas as páginas de *Bartleby, o escrivão*, o misterioso romance de Melville, de 1853. Nessa obra, a representação da desistência é o oposto do que se encontra em *Moby Dick*. Ahab quer desistir, mas não pode; as desistências de Bartleby se aceleram, até que, por fim, ele não faz nada além de desistir. Nem o destino é o que chamaríamos de ideal.

DESISTIR

Bartleby, um homem de "mistérios silentes", copia documentos em um escritório em Wall Street. A princípio, seu trabalho é aceitável, embora ele recuse algumas tarefas, com um tom inexpressivo: "Prefiro não fazer". Gradualmente, isso se transforma em uma falta de vontade de fazer qualquer coisa. "Por fim, em resposta aos meus apelos", conta o narrador, "ele me informou que havia desistido definitivamente de copiar". No fim, ele precisa ser retirado à força do escritório.

Bartleby morre na prisão, "encolhido na base de uma parede, com os joelhos dobrados e deitado de lado, a cabeça tocando as pedras frias". Seu modo de vida – desistência – por fim se torna seu modo de morte.

Se você não se identifica com Bartleby e seu hábito de desistir o tempo todo – e espero, para sua própria felicidade, que encontre outro modelo –, talvez se sinta atraído pelo narrador do conto "A&P", de John Updike, que desiste em um gesto lindamente inútil. Publicado pela primeira vez na *New Yorker*, em 1961, esse conto agridoce tem feito parte de muitas antologias desde então – mais uma prova do contínuo apelo do drama de desistir.

"A&P" é narrado por um garoto que trabalha em uma pequena mercearia. Em uma tarde de verão, chegam várias jovens em trajes de banho. O gerente, um velho rabugento, não gosta da informalidade e diz isso a elas; e nosso herói, em um ato espontâneo de galanteria e protesto, pede demissão: "Puxei o laço na parte de trás de meu avental", conta, "e o tirei pela cabeça". No final da história, ele está desempregado e sabe que nunca mais verá as garotas. "Fiquei meio angustiado", reflete com tristeza, "quando percebi como o mundo seria difícil para mim a partir de então".

* * *

A cultura importa, lembra o biólogo Heinrich: "Não somos apenas o produto de nossos genes. Também somos produto de ideias [...]. As ideias têm efeitos duradouros sobre nós".

82

E esses efeitos nem sempre são positivos, principalmente quando se tratam de imagens de perseverança. Price nos dá a seguinte advertência: "Muito parecida com os romances de Horatio Alger do passado, a mídia popular de hoje ainda nos ensina a adorar o trabalho duro e a desprezar os preguiçosos".

Pior ainda é quando os influenciadores do Instagram e as celebridades no YouTube afirmam que, se você não desistir, poderá ser rico e famoso como eles: "Quando estrelas de enorme sucesso atribuem sua boa sorte inteiramente a seu trabalho diligente", escreve Price, "fazem com que as pessoas tenham expectativas irreais sobre as chances de sucesso e sobre como a riqueza é distribuída".

Enquanto nos deleitamos com o brilho azul de nossas telas, absorvendo mensagens culturais sobre os perigos de desistir e os esplendores da coragem, nosso cérebro está trabalhando, assimilando essas imagens e ideias. E, se parece que chegamos no meio do filme, é porque chegamos mesmo. Como todo bom filme de super-heróis, a perseverança tem uma história de origem, um começo. A ideia de que resistir a todo custo é bom e desistir é sempre errado foi *criada*, desenvolvida e nutrida para um propósito específico. E deliberadamente se transformou em mito.

Mas foi criada onde, por quem e por quê?

Pense nisso

Você assistiu a *Noiva em fuga* uma dúzia de vezes. Comemora quando Renée Zellweger diz poucas e boas a Hugh Grant em *O diário de Bridget Jones*. Cenas de desistência fazem você se sentir ousado e combativo, pronto para mudar sua vida. Ou talvez não. Talvez elas o deixem nervoso e apreensivo. Revisite cenas sobre desistência. Sua reação pode dizer muito sobre seu nível de conforto com mudanças.

PARTE DOIS

Como "desistir" se tornou um palavrão — e por que isso importa

Fixar o trabalho árduo como a chave para o sucesso nos permite manter nossa crença em um mundo justo e racionalizar a desigualdade.
ADAM GRANT

CAPÍTULO 4
Vendendo perseverança

Você conhece o clichê "um vencedor nunca desiste e um desistente nunca vence"? A isso, Freakonomics Radio *responde: "Tem certeza? Às vezes, desistir é estratégico e pode ser seu melhor plano possível".*
STEPHEN J. DUBNER

QUANDO HEATHER STONE FALA, às vezes você percebe o leve sotaque de sua terra natal, Kentucky – uma suave cadência sulista, que é como uma brisa suave agitando certas sílabas. Na maioria das vezes, porém, sua voz é puro Chicago: tem a dureza de uma mulher que passou por muita coisa e não se importa de compartilhar os detalhes.

"Foi, definitivamente, uma época muito sombria", contou--me ela. "Eu dei um salto às cegas, pensando que tudo daria certo. Bem, deu, mas não da maneira que eu pensava. Eu me sentia um verdadeiro fracasso. Mas não olhei para trás. Havia tomado uma decisão, tinha que encará-la."

Stone é uma ex-colega, e conversei com ela em um domingo de verão. Ela acabou de se mudar para a casa nova, no centro da Flórida, com seu parceiro, Kai, depois de algumas décadas enfrentando invernos perto do lago Michigan. Foi uma grande mudança, admitiu: "Olho pela janela e vejo barbas-de-velhos e palmeiras. Não há um arranha-céu à vista".

Enquanto ela fazia um sanduíche de queijo grelhado, contou--me sobre a odisseia que a tirara de um trabalho que amava – era fotógrafa do *Chicago Tribune*, viajava o mundo atrás de notícias, ia a lugares como Etiópia, Egito, Japão, Polônia, França... e o que viesse a seguir. A única certeza que ela tem agora é esta: o que está por vir não será fotografia.

"Pensando agora", disse ela, "vejo que tudo precisava acontecer. Mas foi um momento difícil".

Em 2008, depois de doze anos no *Tribune*, Stone largou o emprego para abrir uma empresa de fotografia em Chicago. "Eu saí em alta", lembra ela. "A vida era cor-de-rosa. Dei um salto de fé." Mas ela não foi muito longe: mesma cidade, mesma profissão. Para sua família, porém, a mudança era muito arriscada. "Eles ficaram em choque. 'Você tinha um emprego ótimo! E *pediu demissão!*'".

A empresa própria estava mais ou menos. E ela tinha uma grande hipoteca da casa para pagar. A conta não fechava. Stone estava ficando nervosa, assim como o banco.

Ela voltou para o *Tribune*, mas não como fotógrafa; como técnica do laboratório de fotografia, por metade de seu antigo salário. Nada de viagens à França ou ao Egito. "Foi um exercício de humildade", admitiu. Mas ela conseguiu controlar as finanças, o que significava que poderia desistir de novo. Nesse momento, ela e Kai – também fotógrafo – se entreolharam e perceberam que ambos estavam pensando a mesma coisa: era hora de partir.

A Flórida lhes parecia interessante, especialmente depois de tantos invernos frios e cinzentos no Meio-Oeste. "Era o momento certo para fazer outra transição, e assim fiz", declara Stone. "Tinha morado em Chicago durante vinte anos e vivenciado a cidade plenamente. Era hora de outra coisa."

Fizeram planos de alugar uma casa, no início, mas encontraram o imóvel perfeito para comprar. Kai tem um trabalho constante, faz vídeos de casamentos. Stone não sabe qual será seu próximo emprego; tudo o que sabe é que não envolverá câmeras.

"Vou ter que me reinventar aqui embaixo. Posso voltar a estudar, talvez. Vou mergulhar em alguma coisa." Ela ri. "Estou reinventando essa merda à medida que prossigo. Só reagindo ao universo."

* * *

A odisseia pessoal de Stone não agradaria a Samuel Smiles. Se, por cortesia de um rasgo no *continuum* espaço-tempo, você pudesse voltar à Londres vitoriana e lhe contar a história dela, ele sacudiria a cabeça e franziria o cenho. E murmuraria: *não, não, não.* Talvez até ficasse tão agitado e horrorizado que suaria e molharia a sobrecasaca trespassada, do tipo preferido pelos cavalheiros daquela época: *Pedir demissão? TRÊS VEZES? Seguir uma direção totalmente nova? E essa ideia de "só reagir ao universo", que espécie de loucura é essa?*

Em 1859, Smiles publicou um livro chamado *Autoajuda*. A decisão de Stone de mudar de carreira no meio do caminho é o oposto do que o autor prega nessa obra. Cheio de biografias inspiradoras de homens bem-sucedidos, de engenheiros a ceramistas, de geólogos a capitães dos mares, e reforçado com parábolas edificantes e palavras de estímulo, *Autoajuda* promoveu a noção de que a perseverança é a qualidade sem a qual não se pode esperar levar uma vida feliz e próspera. Esse livro foi uma sensação, avidamente abocanhado pelos leitores, discutido nas tavernas e citado nas salas de estar.

Para entender como chegamos aqui – ou seja, como, no século 21, desistência se tornou sinônimo de fracasso e por que a palavra "desistir" faz a maioria das pessoas se encolher de vergonha –, temos que voltar, aproximadamente, à metade do século 19, quando Smiles começou a vender a perseverança como os vendedores ambulantes anunciavam elixires mágicos para curar gota e palpitações cardíacas.

Smiles, um escocês nascido em 1812, acreditava que devemos escolher um caminho e perseverar nele. Não devemos virar para lado nenhum. Devemos desprezar os contratempos, esmagar os impedimentos, trabalhar duro e – isso é crucial – nunca, *nunca* desistir.

"Ele inventou o mercado de autoajuda na hora certa", diz Peter Sinnema. Professor de inglês na Universidade de Alberta, Sinnema escreveu a introdução da edição Oxford World Classics de *Autoajuda* e é, portanto, um especialista na história da perseverança. Ele sabe muito sobre o mundo da Grã-Bretanha do século 19, uma época em que a Revolução Industrial estava mudando tudo, quando alguns faziam vastas fortunas enquanto, para a maioria das pessoas, a vida era de uma pobreza implacável. Os membros mais conscienciosos e sensíveis do público leitor precisavam de uma maneira de conciliar essa vasta disparidade de fortunas. E foi uma genialidade peculiar de Smiles, diz Sinnema, reconhecer que eles não queriam lições de moral chatas; prefeririam histórias coloridas sobre pessoas bem-sucedidas, com detalhes sobre como progrediram resistindo.

"Smiles criou um nicho de mercado dentro de um campo do desejo humano que sabia o que almejar", explica Sinnema. "Criou algo novo; deu à biografia uma forma inspiradora. Em uma economia de mercado emergente, era importante avançar naquele mundo implacável. 'Se outra pessoa pode fazer isso, eu também posso.' A ideia era a de que, se você tivesse energia suficiente, poderia ser bem-sucedido."

O que significa, é claro, que o inverso também seria verdadeiro: *não ser* bem-sucedido significava claramente não ter se esforçado o bastante. Ter vacilado, se desviado; ser inconstante e irresponsável. E, o pior, ter desistido.

No mesmo ano em que *Autoajuda* foi lançado, Charles Darwin publicou seu livro *A origem das espécies por meio da seleção natural*. "Foi um momento rico na percepção do lugar da humanidade no mundo", diz Sinnema.

DESISTIR

O que as ideias de Darwin fizeram em relação à paisagem natural – destruindo velhas certezas com a força de um tornado –, as de Smiles fizeram com a cultural. Seu livro insistia que só o trabalho duro e a perseverança poderiam nos dar uma vida que valesse a pena. Nuances como pura sorte e nascimento afortunado? Banidas.

Durante os quarenta anos seguintes, acrescenta Sinnema, Smiles publicou sequências com títulos como *O caráter* (1871) e *Thrift* (1875). Esses livros, igualmente populares, reforçavam: cabe a você fazer seu caminho no mundo. Se vacilar, é culpa sua, de ninguém mais. Certamente não é culpa das políticas governamentais ou dos tribunais: "Nenhuma lei, por mais rigorosa que seja", escreveu Smiles em tom de repreensão, "pode transformar o ocioso em trabalhador, o negligente em previdente ou o bêbado em sóbrio. Essas reformas só podem acontecer por meio de ação individual, economia e abnegação; por melhores hábitos, e não por mais direitos".

As histórias de *Autoajuda*, em sua essência, apontam todas para o mesmo ponto: seu destino está em suas próprias mãos. Se você não é rico, se não é poderoso, se não está realizado, é porque não fez o que as pessoas do livro de Smiles fizeram: não cavou fundo, não suou e não se sacrificou. Seu destino na vida é moldado por você. Não perca tempo culpando mais ninguém.

Benjamin Franklin é frequentemente chamado de "santo padroeiro do movimento da autoajuda", como diz Walter Isaacson em *Benjamin Franklin: uma vida americana*. É verdade que o *Poor Richard's Almanack* saiu primeiro: Franklin o publicou em 1732, mais de um século antes de *Autoajuda* ser lançado. "*Poor Richard's* ajudou a lançar uma mania que persiste até hoje: o consumo de livros com regras simples e segredos sobre como ser bem-sucedido nos negócios e na vida", escreve Isaacson. A obra de Franklin – que, assim como *Autoajuda*, vendeu fabulosamente bem – continha

"máximas morais geniais", observa seu biógrafo, além de enche-
ção de linguiça como receitas, curiosidades e fofocas.

Mas o livro *Autoajuda* é totalmente diferente. É um plano sis-
temático e bem detalhado de como viver, não apenas uma lista
divertida de truques de vida. Não apresenta homilias e aforismos
folclóricos. Nem é divertido, como é *Poor Richard's*. Seu propósito
não é entreter, mas estimular e motivar por meio do compartilhamento de histórias de "distintos inventores, artistas, pensadores e trabalhadores de todos os tipos", os quais "devem seu sucesso, em grande medida, a um esforço e aplicação incansáveis",
como escreveu Smiles.

A grande ideia surgiu entre o final do século 19 e o 20: a diferença entre ricos e pobres é culpa exclusiva destes últimos. Assim, essa lacuna não poderia mais ser atribuída à ganância, à cor-
rupção e à falta de consciência social das classes dominantes, não
é? *Autoajuda* livrou a cara dos ricos. E agora, no século 21, continua influenciando nosso imaginário.

* * *

A esta altura, você deve estar pensando: "Ora, que interessante... mas o que esse Smiles tem a ver com o fato de eu odiar
meu emprego e estar tentando arranjar coragem para pedir
demissão?".

Em uma única palavra: tudo.

Não fosse a grande influência de *Autoajuda,* você não hesita-
ria. Já teria se despedido de seu colega de baia e dado entrada
naquela fazenda de lhamas. Do jeito que as coisas são, porém,
ainda está lutando contra uma ideia cujo poder só se intensificou
desde os dias de Smiles, atravessando a paisagem cultural. O livro
Autoajuda transformou a desistência em um pânico moral, e ela
deixou de ser uma opção; marcou uma mudança crucial na maneira como as pessoas encaram a vida, deixando de ver o destino

DESISTIR

como resultado de uma complexa série de fatores – entre eles, a classe social e o nível de renda de nossos antepassados, ou os dons físicos e intelectuais de que somos dotados – e passando a acreditar que ele surge de uma fonte única e simples: o esforço individual, ou a falta disso. Ainda vivemos o legado da filosofia de Smiles, muitas vezes nos culpando quando nos sentimos frustrados e empacados, quando questionamos por que parece que não conseguimos andar para frente e mudar de rumo.

> **Momento bandeira branca**
>
> Ele afastou uns papéis sobre a mesa e suspirou. "Não posso assinar isso hoje", disse. "Você vai ter que voltar amanhã." Eu morava em Park City. "Voltar amanhã" implicaria uma viagem de ida e volta de duas horas, e ia nevar [...] Eu me preparei para partir. Em algum lugar entre a cadeira do escritório, que não me ofereceram para sentar, e o pequeno corredor que ligava à sala principal, a ideia de ir embora [...] para sempre surgiu em minha mente, e, depois de se alojar, não consegui tirá-la. Quando passei pela copiadora, ir embora parecia uma promessa que já havia feito a mim mesma. Segui pelo corredor ganhando velocidade, corada, quase tonta pelo que estava prestes a fazer.
>
> – PAM HOUSTON, *Deep Creek: Finding Hope in The High Country*

Smiles pode não ser mais um nome familiar, mas o princípio que ele criou e defendeu ainda controla nossas expectativas de uma vida feliz e significativa. A crença fervorosa no "fazer-se sozinho" continua sendo uma força motriz. O crescente movimento de *coaching* de vida vem direto do manual de *Autoajuda*, tanto que, se Smiles estivesse vivo e disposto a trocar aquela sobrecasaca e o colarinho engomado por leggings e camisetas confortáveis,

JULIA KELLER

ele mesmo seria *coach*. Claro que teria uma forte concorrência para conseguir acólitos.

Em 2007, uma mulher chamada Brooke Castillo, ungida como "rainha reinante do mundo do *coaching* de vida" pelo *Guardian*, transformou a ideia de autoempoderamento em um império lucrativo de podcasts, livros e cursos on-line que continuam produzindo ainda mais coaches de vida. Seus lucros quadruplicaram entre 2017 e 2019, informa o jornal, e, em 2020, a Life Coach School de Castillo arrecadou 37 milhões de dólares brutos. Ela diz a seus clientes que "seus problemas não são causados por circunstâncias externas – chefes ruins, sogras difíceis –, e sim por sua incapacidade de administrar seus próprios pensamentos". Alguém já ouviu algo parecido?

No entanto, há um lado sombrio nesse elevado conceito de perfeccionismo. Pode nos fazer sentir inadequados e envergonhados se nossa vida não corresponder a algum padrão arbitrário de felicidade e patrimônio líquido – *você não podia ter trabalhado mais? Sério? Ande, admita.*

Ainda mais insidioso é seu efeito sobre nós em tempos de devastação emocional. Como a conselheira na superação do luto Julia Samuels escreve em *Grief Works*: "Nossa cultura está imbuída da crença de que podemos consertar praticamente qualquer coisa e torná-la melhor [...]. O luto é a antítese dessa crença: abstém-se da evitação, requer resistência e nos força a aceitar que algumas coisas neste mundo simplesmente não podem ser consertadas".

É difícil reconhecer isso em uma sociedade na qual a meta da perfeição infinita penetrou tão profundamente na psique. É difícil desenraizá-la, em especial, talvez, para os estadunidenses, que vivem em uma terra onde a ideia fundamental é de pique e motivação. "Somos um povo voltado para o futuro, preocupado com o futuro", reflete Sharon O'Brien em sua introdução a uma nova edição de *Minha Antonia*, de Willa Cather, um romance que explora as dificuldades da experiência de imigrantes na colonização do oeste estadunidense. "Vemos essa crença (que é, na verdade, um desejo) manipulada da forma mais crua e oportunista na publicidade que atende a nosso desejo de renovação – anúncios de cosméticos, tênis de corrida, produtos dietéticos, restauradores capilares, até eletrodomésticos; itens que prometem um *eu* transformado e redimido."

* * *

Brad Stuhlberg viu pessoalmente os resultados negativos dessa busca interminável por perfeição. Em seu recente livro *Groundedness: A Transformative Path to Success That Feeds – Not Crushes – Your Soul*, o escritor e preparador físico descreve a situação de muitas pessoas de alto desempenho que ele treinou: cansadas e estressadas. Correm muito todos os dias, mas não sentem nenhum progresso. Quanto mais alcançam, mais vazias se sentem. Mesmo assim, não querem desistir nem mudar de rumo, diz Stuhlberg, porque acreditam que perderão o embalo e ficarão para trás.

O culpado, aponta ele, é o "individualismo heroico", "perpetuado por uma cultura que diz implacavelmente que você precisa ser melhor, sentir-se melhor, pensar mais positivamente, ter mais [...]. Muitos homens descrevem isso como uma necessidade pesada de ser à prova de balas, invencível. E muitas mulheres relatam que precisam dar conta de tudo sempre, ficando o tempo todo aquém de expectativas impossíveis".

> **Momento bandeira branca**
>
> Na manhã de 6 de abril de 2007, eu estava deitada no chão de meu escritório, em casa, sobre uma poça de sangue. Quando caí, bati a cabeça no canto da mesa, cortei o olho e quebrei o pômulo. Eu havia desmaiado de exaustão e falta de sono [...]. Depois da queda, fui forçada a me perguntar: era isso que deveria ser o sucesso? Era aquela a vida que eu queria? [...]. Eu sabia que algo precisava mudar radicalmente.
>
> — ARIANA HUFFINGTON, *Thrive*

A pressão para ser bem-sucedido de maneira sobre-humana remonta até bem lá atrás na história, observa Stuhlberg: "Está só embrulhado em um papel diferente [hoje] [...]. Não é um problema esforçar-se e ter ambição, mas o esforço e a ambição devem ser fundamentados em valores que cuidem de você e de sua comunidade. Caso contrário, tornam-se extremamente destrutivos. Não adianta ultrapassar a linha de chegada se isso o deixa infeliz e destrói o mundo pelo caminho. É apenas uma idiotice".

Mas a questão é que, todos os dias, recebemos mensagens que dizem que desistir é inaceitável. Ignore-as, recomenda ele. E pense na desistência estratégica como um ato de resistência heroica: "Existem todos os tipos de painéis de controle externos na vida, mas é muito útil ter um interno também. Acho que, em muitos casos, as pessoas que desistem quando estão fazendo o que os outros consideram bom estão quebrando os painéis externos e se voltando para os internos. É preciso muita coragem para priorizar o painel interno nessas situações".

Desistir, recuar, recalibrar; todas palavras para a mesma manobra básica de tentar ver o mundo não como um jogo de soma zero, com vencedores e perdedores determinados, mas como um lugar onde todos são ambos de tempos em tempos. E ver a

DESISTIR

vida não como uma montanha a se escalar sozinho, e sim como um caminho a ser percorrido na companhia de outros, que enfrentam as mesmas dúvidas e pesares.

Como colocou o escritor Matthew Specktor em uma entrevista de 2021 para o *themillions.com*: "A menos que alguém minta para si mesmo, a vida é um viveiro de fracassos. Você não atinge seus objetivos. Seus relacionamentos implodem. Você perde o emprego. Decepciona seus amigos ou filhos. Passa por uma doença ou perda. Essas coisas acontecem. Com todo mundo essas coisas acontecem. Mas, com um pouco de sorte [...], é provável que você seja bem-sucedido ocasionalmente, pelo menos. E, se conseguir internalizar alguns desses sucessos com a mesma eficácia com que todos nós internalizamos nossas decepções [...], ficará um pouco mais flexível. Os fracassos podem não torturar tanto, e os sucessos não vão mexer com sua cabeça".

Flexibilidade, porém, não é um atributo que Smiles valoriza. Ele recomendava o oposto: rigidez. Sem hesitar, sem ceder e, acima de tudo, sem desistir. "Os homens devem, necessariamente, ser os agentes ativos de seu próprio bem-estar", escreve ele, acrescentando: "A estrada do bem-estar humano segue ao longo da velha estrada do bem-fazer obstinado". Suas ideias ainda estão por aí, hoje em dia, na forma de livros, artigos, webinários e podcasts lançados por religiosos e místicos, por nutricionistas e médicos, atletas e vendedores, celebridades, professores universitários e eruditos, oferecendo variações da mesma velha mensagem: faça o que fizer, não desista.

* * *

A pessoa desistiu na página 59.

Não sei quem é, onde mora ou o que faz para viver. Não sei a cor de seu cabelo nem que tipo de carro tem. Mas sei de uma coisa: sei onde sua esperança morreu, porque foi aí que parou de sublinhar o texto.

JULIA KELLER

Nas primeiras 59 páginas do meu exemplar de segunda mão de *Uma vida com propósitos,* de Rick Warren, comprado em um bazar beneficente, o dono anterior havia sublinhado com entusiasmo passagens que o atraíam, usando um marca-texto laranja. Traços grossos cobrem as frases para destacá-las. Parágrafos inteiros são encurralados em grandes círculos. Dá quase para sentir a empolgação do leitor: *Isto, isto... Ah, que coisa, sim! ISTO!*

Página após página, capítulo após capítulo, pontos de exclamação perturbam as margens. O resto do espaço em branco disponível está ticado – o equivalente linguístico a um vigoroso "é isso aí!". De vez em quando, um conceito do texto é reafirmado na parte inferior da página com a letra rabiscada, agitada e inspirada do leitor desconhecido: *descubra o que é a vida. Encontre o motivo.*

E então, de repente, tudo para.

Na página 59, no final do Capítulo 7, o leitor, antes incansável, escreveu um roteiro impaciente embaixo da última frase: *Entregar-nos para ser usados para Seu propósito.* Mas quando começa o Capítulo 8 e para além dele...

Nada.

Não há mais pontos de exclamação. Não há tiques. Não há grandes círculos. Não há paráfrases concisas nas margens, ao lado de muitos bullets [aquelas bolinhas pretas usadas para marcar os itens de uma lista].

As demais 321 páginas (excluindo apêndices e guia de recursos) parecem intocadas. Não há marca, mancha, linha, ponto, anotação. Não há nem uma gota seca de café derramado ou um cílio aleatório.

Posso adivinhar o que aconteceu com esse leitor (sim, ele pode ter morrido, mas vamos à explicação mais provável): ele desistiu.

Não estou criticando essa pessoa, longe disso. Poucas conseguem ler um livro de autoajuda, inclusive eu, ou apegar-se por

DESISTIR

muito tempo a um programa de bem-estar. Podemos começar com a melhor das intenções, mas depois desistimos e, quando o fazemos, acabamos nos encolhendo sob o peso de um golpe duplo: não apenas desistimos, mas o fazemos durante uma tentativa deliberada e premeditada de aprender a não ser um desistente.

Então, como essa pobre alma que abriu *Uma vida com propósitos* cheia de todas aquelas grandes esperanças e expectativas, isso sem falar do marca-texto laranja perfumado provavelmente comprado em um pacote com meia dúzia, lidou com seu fracasso?

Para começar, abandonou as evidências. Tirou o livro de vista doando-o para um sebo. Os sebos, na verdade, foram meus principais locais de caça de livros de autoajuda, usados e novos, para ver o que tinham a dizer sobre desistir. Vasculhei bazares beneficentes, parei meu fiel Honda em cada bazar de garagem e de igreja que me chamou a atenção. Os livros de autoajuda, posso relatar agora, geralmente superam todas as outras categorias nesses lugares; são mais que os de história, biografias e ficção científica; esmagam com facilidade os romances, os religiosos, os de terror e até os de culinária. Para mim, isso por si só prova – e de maneira bastante pungente – a força de nosso eterno desejo de melhorar a nós mesmos, de mudar o que precisa ser mudado, de nos tornar mais felizes e amorosos. (E, Deus sabe, mais magros.) Mas também sugere que muitos desses livros são inadequados e, como as tranqueiras, muitas vezes nos deixam com mais fome que antes de consumi-los. E, assim, continuamos procurando, encontrando, lendo e desistindo; depois vamos e procuramos um pouco mais.

Mas é o seguinte: eu não dava muita atenção a eles antes, mas descobri que muitos livros de autoajuda são interessantes e instigantes; apresentam um otimismo dourado em sua essência. Para quem quer ser e fazer melhor, fica difícil resistir a isso.

"Críticos da autoajuda", escreve Anna Katharina Schaffner, que estuda o gênero, reclamam que "todos os nossos problemas são considerados pessoais e nossos fracassos, devidos à falta de força de vontade e resiliência". Mas há um lado positivo, recorda ela: "O desejo de melhorar a nós mesmos está ligado à nossa necessidade de autoconhecimento, de maestria e de transformação. É um desejo atemporal e uma parte essencial do que nos torna humanos".

Wendy Kaminer concorda. Ela é a autora de um espirituoso desabafo sobre o movimento de transformação pessoal, *I'm Dysfunctional, You're Dysfunctional: The Recovery Movement and Other Self-Help Fashions*, mas se deixa levar pelos livros que o promovem: "As pessoas andam confusas por aí, faz parte da condição humana", diz ela. "Não é difícil entender o atrativo de alguém que se autodefine especialista dizendo: 'Você não precisa ficar tão confuso. Eu tenho uma fórmula'." E a fórmula tem um ingrediente principal simples: não desistir.

* * *

Hoje chamaríamos de manifestação, mas no início do século 20 ficou conhecido como Movimento Novo Pensamento. Os dois livros que melhor o exploraram, e que difamaram a desistência com mais paixão, ainda estão por aí, distribuídos em convenções de vendas, dados como presente de formatura. Você já ouviu falar deles, mesmo que não os tenha visto: *Quem pensa enriquece* e *O poder do pensamento positivo*. Os títulos, por si só, já têm um lugar na história intelectual dos estadunidenses. Podemos traçar uma linha ligando os *coaches* de vida de hoje aos autores desses livros – respectivamente, Napoleon Hill e Norman Vincent Peale.

A ideia básica de ambos é que, se você visualizar o que deseja, vai conquistá-lo. Ou como às vezes dizem, hoje em dia, banners inspiradores e protetores de tela com montanhas nevadas:

se você pode sonhar, pode realizar. Só o que o atrapalha é *você mesmo* e sua capacidade de resistir ao desejo de desistir. Portanto, mãos à obra.

"Sonhadores práticos não desistem!", escreve Hill em seu livro, publicado pela primeira vez em 1937 e reimpresso várias vezes. Na introdução, afirma que o magnata do aço Andrew Carnegie lhe ensinou o segredo para alcançar uma grande riqueza e felicidade pessoal duradoura. (Não vem ao caso o fato de que Hill, que morreu em 1970, não ofereceu nenhuma evidência de ter conhecido Carnegie; nem o fato de que este estava convenientemente morto na época em que *Quem pensa enriquece* foi publicado; tampouco o fato de que o livro está cheio de histórias sem citação de fontes sobre pessoas comuns que ganharam milhões apenas porque pensaram muito, muito nisso.) A ideia principal: "Pensamentos que são mesclados com qualquer emoção constituem uma força 'magnética' que atrai outros pensamentos semelhantes ou relacionados". Você pode superar qualquer coisa, a menos que desista, insiste Hill: "Nenhum homem é vencido enquanto não desistir em sua própria mente".

Em um capítulo intitulado "Persistência", ele escreve: "A maioria das pessoas está pronta para lançar ao mar seus objetivos e propósitos e desistir ao primeiro sinal de oposição ou infortúnio [...]. A falta de persistência é uma das principais causas do fracasso". Ao que parece, uma das principais causas do fracasso não era a Grande Depressão, ou, no século seguinte, a implosão do mercado imobiliário e a inflação galopante. "Quem não é persistente", diz Hill, "não alcança sucesso notável em nada".

Hill oferece o que chamou de Inventário de Persistência, no qual pergunta aos leitores se algum dos dezesseis comportamentos de autossabotagem lhes parece familiar, como: "Indiferença, geralmente refletida na prontidão para ceder em todas as ocasiões, em vez de enfrentar a oposição e combatê-la" e "Disposição, anseio inclusive, de desistir ao primeiro sinal de derrota".

Enquanto *Quem pensa enriquece* tem o tom de uma cantada agressiva, o livro de Peale é mais gentil e calmo. É difícil desgostar dele tanto quanto do de Hill, dado seu tom que lembra o de um vovô, embora a mensagem seja a mesma: com o pensamento, você pode conquistar alegria e prosperidade, ter amigos que o apoiam e familiares amorosos. Os eventos não apenas acontecem: você os convoca à existência. Você os chama para sua vida pela qualidade e direção dos pensamentos. Seus pensamentos são seu destino. Portanto, nem *pense* em desistir.

Ambos entraram no jogo dos livros de autoajuda depois de descobrir um dom para a atuação pública: Peale era ministro religioso, e Hill, um vendedor e aspirante a ator.

O poder do pensamento positivo começa com um estrondo: "Acredite em você! Tenha fé em suas habilidades!". O restante do livro está cheio de prescrições de comportamento igualmente estimulantes e inspiradoras: "Durante as próximas 24 horas", aconselha Peale, "fale deliberadamente com esperança sobre tudo; sobre seu trabalho, sua saúde, seu futuro".

O dono original de meu exemplar usado acrescentou apenas uma linha à margem de uma única página, diferente do frenesi de comentários em tons de laranja deixados pelo leitor de *A vida com propósitos* (até a página 59). Foi uma resposta mais tranquila ao texto.

Quando me deparei com essa linha, me peguei preenchendo a história de fundo, imaginando meu leitor comprando o livro quando era novo, em 1952 – talvez, pensei, um dia depois de uma crise emocional na cozinha após a meia-noite, em meio a uma coleção de promessas quebradas e últimas chances.

Desolado, ele sublinhou as palavras de Peale no texto: "É um princípio bem definido e autêntico: o que a mente espera

DESISTIR

profundamente tende a receber. Talvez isso seja verdade porque o que você realmente espera é o que realmente quer".

À margem esquerda, ao lado da passagem, o leitor inseriu um asterisco:

*Será que eu queria que Ed fosse embora?

Se a pessoa queria Ed de volta, e se Ed era digno de seu amor, espero que ele por fim tenha voltado.

* * *

Paul Peterson nunca sublinhou uma única passagem em um livro de autoajuda. Nunca circulou uma informação. Nunca dobrou o canto de uma página para referência posterior. Mal *abriu* um livro de autoajuda, verdade seja dita. Ele tem aversão a esse tipo de livro, a começar por esses que as pessoas dão às outras porque acham que todos precisam lê-los. É como ganhar um livro de dieta que você não pediu: você passa o restante do dia se olhando no espelho e se preocupando.

Mas até Peterson, que não é fã de livros que oferecem dicas organizadas para uma vida feliz, consegue entender por que as pessoas os compram: "Regras são boas. As pessoas precisam de um plano".

Ele teve muitos chefes ruins. Não, vou usar as palavras dele: ele teve alguns chefes "babacas e egoístas", que fizeram de sua vida um inferno, até que ele conseguiu se livrar dessas garras. Mas nunca esquecerá o que fez um deles em Modesto, Califórnia: deu-lhe um livro de autoajuda.

"Era uma porcaria", disse Peterson. "Olhei para a prateleira atrás dele e vi que aquele cara tinha todos os livros e fitas de autoajuda que existiam."

O ressentimento é compreensível. Ele estava se saindo muito bem sem aquelas dicas, porque, além de ser talentoso e espirituoso, dominava o poder estratégico de desistir. Em uma carreira de 35 anos em diversas estações de rádio, evoluindo para mercados cada vez maiores, com salários cada vez melhores, sempre pedia demissão rapidinho quando surgia uma oferta mais interessante. E sempre recebia novas ofertas.

"Eu tinha uma crença irreal em mim mesmo", contou ele, rindo. "E nunca conseguia decidir por nada, não sabia o que realmente queria fazer." Por isso, ele seguia o fluxo. E prosperou.

Nascido e criado em Mesa, no Arizona, tinha duas paixões quando era pequeno: ouvir jogos de beisebol e rock no rádio. E o denominador comum – o rádio – se tornou o trabalho de sua vida.

"Eu amava. E me divertia muito", declarou Peterson, que agora mora em Phoenix. Sua noite mais memorável foi em 8 de dezembro de 1980. "Eu estava ao vivo na noite em que John Lennon foi assassinado. O mundo inteiro enlouqueceu. As pessoas ligavam chorando para a rádio."

Ele desenvolveu uma presença distinta no ar, auxiliado por uma perspicácia infalível. "Eu subi muito rápido na cadeia alimentar. Fui me tornando bastante pragmático em relação à minha carreira." Ele trabalhou em estações de rádio em Phoenix, depois na Califórnia e em muitas cidades do Centro-Oeste, incluindo Chicago.

Ironicamente, dado seu desdém geral pelo gênero, ele tem um parente no ramo do autodesenvolvimento. "Meu tio era um sujeito muito famoso no ramo da autoajuda." A irmã do pai de Peterson foi a primeira esposa de Earl Nightingale, uma personalidade popular do rádio nas décadas de 1960 e 1970, cujo programa oferecia clichês motivacionais em um barítono agradavelmente ríspido. Nightingale, que morreu em 1989, expandiu seu império em livros e fitas, creditando às ideias de *Quem pensa enriquece* sua inspiração para entrar no ramo da autoajuda.

Peterson tem certeza de que seu tio famoso teria poucas e boas para lhe dizer sobre tantas demissões. Mas elas foram essenciais para seu sucesso, disse ele; eram outra ferramenta, outra maneira de subir a escada: "Eu queria algo muito grande na vida". O trabalho no rádio foi uma maneira perfeita de conseguir isso, porque, como ele acrescentou, rindo, "nunca tive uma voz interna".

> **Momento bandeira branca**
>
> Um dia, meu chefe me chamou e começou a criticar meu trabalho. Ele era abusivo, e eu simplesmente explodi. Disse: "Você não é capaz de fazer o que eu faço". Apontei para as pessoas fora da sala dele e disse: "Ninguém é capaz de fazer o que eu faço". Eu estava sentado, mas me entusiasmei e me levantei para reforçar meus argumentos. Foi como se comportas se abrissem. Voltei à minha mesa e terminei meu expediente. Quando cheguei em casa, mandei um e-mail com uma única frase: "Não voltarei".
> – PAUL PETERSON

Ron e Rick não se conhecem e, provavelmente, nunca se conhecerão. Vivem a quase 1.600 quilômetros de distância. A única conexão entre eles é que ambos conversaram comigo sobre as muitas vezes em que mudaram de direção. Eles têm visões bem diferentes sobre a desistência e o efeito que ela pode ter na vida das pessoas.

Um deles vê a desistência como uma âncora. O outro a vê como uma vela.

Ron Rhoden se descreve como uma pessoa que está sempre em busca. Várias prateleiras na casa que ele divide com a esposa e os cachorros, nos arredores de uma cidadezinha no Centro-Oeste, estão cheias de livros de autoajuda, dos quais ele cita trechos com facilidade. Vê com frequência vídeos do YouTube no celular e ouve podcasts produzidos por autores do gênero.

"Toda minha vida foi uma busca da alma", disse ele. "Sempre tive um desejo que tentava realizar, mas nunca consegui. Se eu tivesse que dizer por que larguei tantos empregos, seria porque não eram satisfatórios para mim."

Sabendo que eu queria falar sobre desistência, ele desenterrou uns currículos antigos para me mostrar. "Remontam a 1986. Eu havia me esquecido de muitos desses empregos; veja quantos tive."

Vou citar apenas alguns: ele foi fotógrafo em um parque de diversões e no Walmart; cozinheiro no McDonald's e depois em outra lanchonete; operário de chão de fábrica; eletricista; instrutor de dança de salão; massagista; representante de suporte técnico de uma empresa de informática; entregador de água em edifícios comerciais; barman; motorista de caminhão; corretor de imóveis; leiloeiro. Algumas vezes, foi empreendedor: construiu e vendeu canoas e mesinhas de centro.

"Eu gostaria de ter ficado em alguns desses empregos", disse ele. "Acho que estaria em uma situação melhor hoje."

> **Momento bandeira branca**
> Quando penso por que desistia com tanta frequência, o que me vem à mente é que eu nunca quis ser o que todo mundo era. Essa é a minha força motriz. Eu queria ser diferente. Nunca tive interesse em ser uma pessoa comum.
> – RON RHODEN

Devo ressaltar que a variedade de habilidades e experiências de Ron é incrível. Ele não fracassou nesses empregos, apenas escolheu sair e seguir em frente. Seus empregadores lamentavam e o aceitariam de volta em um piscar de olhos. Mas muitos dos livros e vídeos de autoajuda que ele tem colocariam a culpa por seu descontentamento justamente aí: no abandono de vários empregos.

Demitir-se é, de fato, um assassinato de carreira? Ter uma grande variedade de empregos é algo tão ruim assim? De acordo com um artigo de 2021 da *Inc.*, categoricamente não. "Não há necessidade de uma correria louca para encontrar o emprego ideal", diz um *coach* executivo citado na matéria. "A primeira parte [...] de uma carreira é testar vários empregos." Pedir demissão por algo melhor, ou talvez só diferente, deve ser a norma, não uma aberração.

Em uma pesquisa realizada pelo LinkedIn que pediu a seus usuários que apresentassem os conselhos que dariam a si mesmos aos vinte anos, "o mesmo conselho surgiu repetidamente", afirma o artigo, resumido por frases como "vá testando", "cometa erros e continue aprendendo" e "não tenha medo de explorar". A mensagem principal, bem como aconselha a *Inc.*, é: "A melhor maneira de descobrir que carreira seguir é agindo".

Talvez não seja tanto a desistência que precisamos evitar. Talvez sejam as associações negativas com a desistência impostas pela sociedade.

* * *

Rick McVey também pulou de emprego em emprego, mas essa amarelinha não o incomoda; ao contrário, ela o encanta: "Toda vez que desisti de algo, foi a decisão certa naquele momento de vida", disse ele. "Eu gosto de mudanças."

Ele se mudou recentemente de River Forest, Illinois, para Mobile, Alabama. "Minha melhor amiga mora em Nova Orleans. Eu descia várias vezes por ano e fazíamos viagens de carro. Fomos a Mobile um dia e voltamos várias vezes depois. Quanto mais eu ia, mais gostava de lá."

Nascido em Lancaster, Pensilvânia, McVey foi criado na cidade vizinha, York, onde seu pai trabalhava na Caterpillar. Ali também teve seu primeiro emprego, durante o último ano do ensino médio. Mais tarde, entrou em um programa de treinamento em gestão, e o mandaram para Cleveland; então, começou uma longa sucessão de empregos, cidades e aventuras. Quando algo mais promissor aparecia, ele agarrava. Teve uma loja de roupas masculinas durante um tempo e, quando um de seus funcionários avisou que faria faculdade de enfermagem, McVey pensou: "Faculdade de enfermagem? *Hummm...*".

Depois de se formar, aos quarenta anos, trabalhou como enfermeiro de UTI durante três anos. A seguir, partiu para Louisville a fim de ajudar a realizar testes clínicos para um novo tratamento da AIDS e passou por várias cidades de Illinois para trabalhar em departamentos cardiovasculares. E não esqueçamos sua época de vendedor farmacêutico, que o levava a uma cidade diferente a cada poucos dias.

"Eu adorava", lembrou McVey. "Miami na segunda-feira e, na quarta, San Diego."

Mas, depois de estar naquele emprego por tempo suficiente, teve outro momento *hummm* e pensou em comprar uma pousada. "Mas achei que seria muito trabalhoso."

Então, comprou uma floricultura em Lincoln Park, Chicago. Ficou com ela por cinco anos. "Tivemos clientes incríveis: Bob Dylan, Sheryl Crow, Michele Obama, Venus e Serena Williams."

Ele tinha um relacionamento de duas décadas, que acabou amigavelmente. O seu antigo parceiro, conta McVey, "disse recentemente que me admirava por ser capaz de me mudar para uma cidade totalmente diferente e, de imediato, ter uma vida completa".

Mas os empregos não são as únicas coisas que ele larga com alguma frequência: McVey foi presbiteriano durante um tempo e ordenado diácono na igreja; ponderou sobre a ideia de se tornar católico, mas acabou decidindo pela igreja episcopal; e agora é o judaísmo que o chama. "Fiz dezoito semanas de aulas antes de me converter."

A mudança para Mobile foi planejada como uma aventura na aposentadoria, mas ele está pensando em tirar licença de corretor de imóveis. Ou seja, mais *hummms* podem vir pela frente. "Estou aberto a novos desafios."

Será que já lhe disseram que ele desiste com muita frequência?

Nunca. "Acho que, quando compartilho minha história com as pessoas, elas se sentem inspiradas. Às vezes as ouço reclamar: 'Odeio envelhecer'. E eu digo: 'Nossa, é o melhor!'."

A disposição para desistir é uma força libertadora, acredita ele. Ajuda a manter mente, corpo e alma mais flexíveis: "Nunca estive mais feliz ou mais contente em toda minha vida".

Pense nisso

Você aprendeu, desde criança, que a perseverança é a chave para o sucesso. Leu livros, ouviu podcasts e assistiu a vídeos no YouTube que afirmam que desistir é ruim. Contudo, vista de outro ângulo, a desistência fica mais complexa: afinal, é uma maneira de começar de novo, de traçar uma linha entre quem você é e quem gostaria de ser. Não se trata de falta de foco, e sim de possibilidades.

CAPÍTULO 5
Sorte e desapego: coisas acontecem

A aleatoriedade fundamental é insuportável para nós [...]. Não desistimos enquanto não encontramos conforto em estabelecer alguma causa, não importa quão implausível seja. E agora, de repente, a física quântica nos fala de eventos que simplesmente acontecem. Einstein ficou perturbado com isso; supostamente exclamou uma vez que, se a aleatoriedade permanecesse conosco, preferiria trabalhar em um cassino a ser físico.

ANTON ZEILINGER

SHARON HARVEY NÃO ACEITA O CRÉDITO. Um ato ousado e destemido de desistência mudou sua vida para melhor – para não falar da vida de centenas de cães e gatos abandonados. Mas ela tem certeza de que não foi ela quem fez isso.

A mulher atribui o feito a duas entidades poderosas e misteriosas.

A primeira: a sorte.

A segunda: Hugh.

Em breve chegaremos à parte da sorte; primeiro, quem é Hugh e como ele mudou a vida de uma mulher que, por quase vinte anos, até 2003, trabalhou na Cleveland Clinic, um centro médico de renome mundial, como gerente do departamento de medicina vascular – um cargo de enorme responsabilidade (sem falar de prestígio e com excelente salário)?

DESISTIR

"Eu nunca havia entrado em um abrigo de animais antes de 2000", contou-me Harvey. Esse foi o ano em que ela decidiu ser voluntária em um abrigo perto de sua casa, no subúrbio de Cleveland. Entre suas primeiras tarefas estava treinar um cachorro chamado Hugh. "Ele foi encontrado em um estado horrível perto de uma lixeira. Estava muito, muito doente. Mas tinha uma centelha, uma vontade de viver, e uma coragem incrível. Era marrom-claro, grande e fofo. Tão maravilhoso quanto quando chegam. Hugh não tinha nada de especial, era apenas um animal firme e dedicado. Mas, quando se apegava a uma pessoa, criava uma união muito forte."

Depois que adotou Hugh, ela começou a passar cada vez mais tempo no abrigo, ajudando nos cuidados e alimentação de outros como ele. Quando abriu uma vaga de diretor no abrigo, Harvey ficou – para sua infinita surpresa – intrigada. Tinha uma decisão a tomar.

De um lado, sua longa e gratificante carreira na Cleveland Clinic. De outro... Hugh.

"O mérito é dele por me dar a coragem de fazer uma grande mudança de carreira. Não sou de correr riscos, não adoro mudanças. E meu salário e benefícios seriam reduzidos."

Mas, se você já teve um cachorro e o amou além de toda lógica e razão, se já olhou nos olhos dele e viu o espírito de todos os maravilhosos cães abandonados esperando resgate, sabe qual opção Harvey escolheu. "Pensei: 'Posso ficar com o que é seguro e sensato, ou apostar uma vez em minha paixão'." E, então, desistiu do que era seguro.

Depois de ser diretora desse abrigo durante alguns anos, assumiu o cargo principal na Cleveland Animal Protection League, onde agora lidera uma equipe de setenta pessoas e administra um orçamento anual de 6,5 milhões de dólares.

Abandonar seu emprego na Cleveland Clinic não foi sua primeira desistência de algo importante; foi só a primeira vez que fez isso sem nunca mais olhar para trás. Ela estava na segunda classe de mulheres admitidas na Academia da Guarda Costeira dos Estados Unidos, turma de 1981. Mas não conseguia aceitar o sexismo e o assédio, disse, e abandonou antes da formatura. "Para consternação da minha família, a quem nunca decepcionei na vida, larguei depois de dois anos. E há momentos em que me pergunto se deveria ter engolido em seco e aguentado."

Nem uma vez, no entanto, ela duvidou da sabedoria de sua mudança ao trocar o mundo dos cuidados a animais de duas patas pelo de quatro patas: "Nem um único arrependimento. *Nunca*".

Ela será eternamente grata a Hugh por ajudá-la a dar o salto. Mas havia outro fator envolvido, além do charme inegável do cachorro: o feliz acaso. Isso que Thomas Wolfe chama de "aquele misterioso milagre do acaso, que opera nova magia em um mundo pálido".

Harvey sabe que ela e Hugh poderiam nunca ter se encontrado. "Definitivamente, houve a participação da sorte. Não sou a pessoa mais corajosa do mundo, mas estava no lugar certo, na hora certa. Várias coisas tiveram que se encaixar para isso. Não sei se eu teria planejado tudo sozinha se a oportunidade não houvesse caído em meu colo."

E se Hugh nunca houvesse entrado em sua vida? O que teria acontecido?

Ela não faz ideia. Ninguém faz, sobre a vida de ninguém. É o tipo de coisa em que tendemos a pensar tarde da noite, quando não conseguimos dormir: *o que teria acontecido se...* E o fato de nos fazermos esse tipo de pergunta diz muito sobre por que não abandonamos as coisas com mais frequência – e, talvez, por que deveríamos.

* * *

DESISTIR

Isso não é bem uma notícia bombástica, mas aqui vai: a vida é ridiculamente aleatória e irritantemente sem lógica. Pessoas merecedoras e honradas às vezes fracassam, ao passo que outras desprezíveis e imorais chegam ao topo. A vida, para dizer o mínimo, não é justa.

Posso até ouvir sua pergunta daqui: *Espere aí, Julia, se todo mundo sabe disso – o que é verdade –, por que você está repetindo e por que não podemos apenas ler mais das aventuras daquele cachorrão marrom-claro?*

Porque a imprevisibilidade de nosso destino é uma das verdades espinhosas que tentamos negar com seriedade – uma negação que aparece com destaque na maneira como lidamos com a desistência. Preferimos fingir que quem dá as cartas em nossa vida somos nós. Que tomamos nossas próprias decisões. Que o que acontece conosco é resultado direto de nossas escolhas ou, como insistia Samuel Smiles, de quanto nos esforçamos e do número de sacrifícios que fazemos para alcançar nossos objetivos. Que seremos bem-sucedidos – se não desistirmos primeiro.

É uma ideia legal. E a melhor réplica é o que Ernest Hemingway – nada preguiçoso no departamento da desistência, tendo sido casado quatro vezes e deixado um rastro de amigos e parentes rejeitados – escreveu no final de *O sol também se levanta*: "Não é bonito pensar assim?".

Estamos, inevitavelmente, à mercê das circunstâncias. E as circunstâncias não dão a mínima para nossos sonhos ou bem-estar. Ou se trabalhamos duro, suamos a camisa e resistimos, ou recuamos e pintamos as unhas dos pés com esmalte rosa-choque. Ou se somos gentis e atenciosos ou egoístas e detestáveis.

Porque coisas apenas acontecem.

Essa aleatoriedade é uma via de mão dupla; basta reparar em qualquer cão ou gato recém-adotado no abrigo de animais que Harvey administra. A gratidão que se vê em seus olhos por serem tirados das ruas e fazerem refeições regulares supera a barreira do idioma. Às vezes, o acaso traz resultados maravilhosos. Mas às vezes não.

E se a pessoa que encontrou um Hugh trêmulo e faminto ao lado da lixeira houvesse, naquele dia, descido por outra rua e o cão não fosse resgatado a tempo?

* * *

A vida é incerta. E todos nós sabemos disso. Mas a mensagem transmitida em livros que prometem nos melhorar é o exato oposto, pois afirma que estamos no comando incondicional de nosso destino.

Há uma razão sólida para isso, claro: dizer às pessoas que sua existência não importa muito em um universo tão vasto, que o caos reina e a dor é inevitável, que não importam quantas horas passem meditando todas as manhãs ou quantas afirmações positivas repitam, ou quantas dietas à base de couve e exercícios draconianos realizem, pois certo número de coisas ruins vai acontecer com elas *só porque sim,* não é considerado um grande motivador. Também não é um argumento de vendas recomendado para um podcast de autoajuda ou empresa de *delivery* de refeições vegetarianas.

Assim sendo, acolhemos com gratidão a ficção – mesmo sabendo qual é a realidade – de que comandamos o show, porque é um conceito mais agradável de aceitar comparado ao de sermos vítimas indefesas. Preferimos não reconhecer a verdade inquietante sobre a aleatoriedade essencial da vida.

É melhor atribuir um resultado indesejável ao fato de que nós – ou melhor ainda, outra pessoa, porque assim poderemos julgar satisfatoriamente – fizemos uma escolha ruim do que reconhecer que, muitas vezes, não temos poder de decisão sobre o que acontece conosco, apesar do que escolhamos. Que podemos dar nosso melhor e, às vezes, isso não fará diferença.

Porque coisas acontecem. O tempo todo. Em toda parte.

Coisas que você não causou, que você não pode mudar. Coisas como divórcio e vulcões. Acidentes e anomalias. Coisas que você não queria que acontecessem, mas aconteceram mesmo assim. Ou coisas que você fez. Coisas que você não esperava, mas que, para o bem ou para o mal, mudam para sempre o curso de sua vida.

Sabemos disso, mas *não queremos* saber. E assim resistimos, cedendo à ideia que promete o contrário, que diz que nós é que estamos na cadeira do capitão, em posição vantajosa, no trono da rainha. Uma ideia que afirma que seguramos o leme, o *joystick*, o chicote. Que nos garante que estamos no controle.

Em *Rápido e devagar, duas formas de pensar*, um estudo incisivo das incongruências da cognição humana, Daniel Kahneman aponta "uma limitação intrigante de nossa mente: nossa confiança excessiva no que acreditamos saber e nossa aparente incapacidade de reconhecer toda a extensão de nossa ignorância e a incerteza do mundo em que vivemos. Somos propensos a superestimar o quanto entendemos o mundo e subestimar o papel do acaso nos eventos humanos. O excesso de confiança é alimentado pela certeza ilusória do olhar em retrospecto".

Se formos honestos, admitiremos que todos nós tentamos manter o mito da autonomia individual até não mais poder, até termos que confrontar uma situação que muda nossa vida e não foi criada por nós: recebemos o diagnóstico de uma doença da qual nunca ouvimos falar; sofremos a morte de um ente querido. Ou golpes menores, como um amigo que nos decepciona e uma promoção que perdemos para outro colega.

Ou – visto que a moeda que jogamos para cima pode dar cara tanto quanto coroa – celebramos a chegada de um bebê, um emprego novo, um romance ou um sinal verde e a rua vazia quando estamos atrasados para um compromisso. Para cima ou para baixo, sucesso ou fracasso podem acontecer de qualquer maneira, o que é emocionante e aterrorizante. Como Philip Roth escreveu em *Pastoral americana*: "Ele aprendeu a pior lição que a vida pode ensinar: que ela não faz sentido".

Deste modo, temos que encontrar uma maneira de superar a aleatoriedade, lidar com acidentes e casualidades. Para que não nos encontremos sempre desencorajados, desiludidos ou vitimados por essas vicissitudes, temos que aprender a exercer o pequeno domínio que temos: arrebatar o último fio frágil de controle em um mundo que sempre parece se desenrolar em alta velocidade bem diante de nossos olhos.

Tradicionalmente, o conselho que ouvimos é respirar fundo e agarrar o que estiver à mão, como se as regras para alcançar o sucesso e a alegria fossem as mesmas que se usam para sobreviver a uma volta no touro mecânico. Mas eu gostaria de oferecer uma sugestão diferente.

Desista.

* * *

Em 7 de setembro de 2009, Dan Cnossen, Seal da Marinha estadunidense, pisou em uma mina terrestre enquanto patrulhava no Afeganistão. Despertando de um coma induzido, uma semana e um dia depois, no Centro Médico Militar Nacional Walter Reed, ele descobriu a extensão de seus ferimentos: amputação acima do joelho de ambas as pernas, pelve quebrada, lesões internas graves. Teria que passar por mais de vinte cirurgias. A única maneira de superar sua provação, como disse Cnossen ao *Washington Post* no ano passado, foi usando uma técnica que ele dominou durante o treinamento como Seal.

Resumindo: ele desistiu.

DESISTIR

Teve que abandonar objetivos elevados, abstratos e abrangentes, porque lhe pareciam distantes, confusos, impossíveis e inalcançáveis; portanto, desanimadores. Teve que abandonar o caminho que havia imaginado para sua vida e encontrar – ou criar – outro.

"Ter metas de longo prazo ajuda, mas o que é realmente necessário são metas de curto prazo nas quais focar. Eu precisava viver dia após dia", disse Cnossen ao *Post*. Ele havia usado uma técnica semelhante para superar a apropriadamente chamada Hell Week ["semana infernal"], o lendário e rigoroso treinamento dos Seals. Em vez de proclamar um objetivo geral, percebeu que "a melhor estratégia [...] era chegar ao fim da tarefa específica que tinha em mãos". Sem grandes slogans, citações inspiradoras ou olhar para além do momento em questão. Só um progresso silencioso, constante e incremental. Ele deixou o que era grande para cuidar do que era pequeno, e, no final, o acúmulo de pequenas coisas *se tornou* algo grande: reconstruir sua vida.

Cnossen, que ganhou uma medalha de ouro na prova masculina de biatlo de esqui sentado nos Jogos Paralímpicos de Inverno de 2018, não sabia que uma explosão arrancaria suas pernas enquanto servia ao país. Mas, diante do desafio dessa lesão catastrófica, teve que desistir de um modo de vida e se apossar de outro. Algumas vezes, isso significava apenas chegar ao final de um dia – ou de uma hora.

Ele não escolheu seu destino, mas escolheu como responder a ele: com coragem e graça.

Como coloca Dodai Stewart em um lindo ensaio publicado no *New York Times* sobre não deixar a incerteza da vida manchar seu amanhã: "Você nunca sabe o que o futuro reserva, mas tem o poder de moldá-lo".

Outras pessoas também enfrentaram provações físicas e emocionais devastadoras. E também tiveram que fazer uma distinção entre o que não podiam mudar e o que podiam; e, quando decidiam que um desafio em particular podia ser mudado, mudavam-no. Muitas vezes, isso significou desistir.

* * *

"A lição que aprendi é que nem sempre temos controle sobre o que acontece conosco. Tudo que podemos controlar é como gastamos nosso tempo. Estamos aprendendo? Estamos crescendo?"

Essas palavras são de Michele Weldon, uma mulher intensa e dinâmica que vive no subúrbio de Chicago. Ela publicou seis livros – está terminando o sétimo – e muitos ensaios. Lecionou na Universidade de Northwestern por quase duas décadas e agora orienta escritores que estão encontrando voz para se expressar.

Ela encontrou a dela depois de uma experiência pessoal traumatizante. Não era o que ela queria para sua vida – não é o que *ninguém* quer –, mas aconteceu, e ela teve que enfrentar. Uma das maneiras foi perceber que não era culpa dela, mas que ela tinha o poder de mudar as coisas e a responsabilidade de transmitir aos outros uma verdade crucial, muitas vezes esquecida: desistir é sempre uma opção.

"Durante nove anos, fui casada com um advogado carismático e bem-sucedido, que todos achavam maravilhoso. Mas ele era física e emocionalmente abusivo", contou-me. "Na terapia de casal, eu sempre tentava consertar as coisas. Até que cheguei à revelação: 'Você não pode consertar isso'."

Mesmo assim, ela resistiu, em especial por causa de seus três filhos pequenos. Separar-se e viver como mãe solteira seria o último recurso, um passo gigantesco na direção de um território desconhecido.

"Eu nunca havia desistido de nada. Sempre achava que podia mudar, melhorar a situação. E suportar. Eu conhecia as estatísticas, as perspectivas financeiras e emocionais para crianças sem pai. Então, pensei: 'Tenho que esgotar todos os recursos possíveis'."

Por fim, depois de enfrentar dúvidas e sentimento de culpa, como as tensões estavam aumentando de novo entre ela e o marido, Michele decidiu, em 1986, separar-se. Foi, como ela recordou, um momento devastador; ela não podia acreditar que estava fazendo aquilo.

Seus amigos tentaram ser solidários, mas as mensagens internas às vezes conseguem anular as que vêm de fora. "Eles diziam: 'Você foi muito corajosa', e eu dizia a mim mesma: '*Fui?* Ou fiz uma idiotice?'."

Weldon decidiu colocar sua incerteza e seus medos em palavras, na esperança de que fosse um processo terapêutico. Como primeiro passo, ela escreveu um ensaio sobre suas experiências para um concurso de escrita e ganhou o maior prêmio. Esse ensaio se tornou o capítulo de abertura de seu primeiro livro de memórias, *I Close My Eyes*. "Foi a primeira vez que eu disse a verdade a mim mesma. E em voz alta."

> **Momento bandeira branca**
> Mulheres como eu, que cuidam de crianças e, às vezes, de pais idosos, da casa e da carreira, de vez em quando querem fazer uma coisa a menos [...]. Às vezes, ficamos tão cansadas de manter a compostura e estar no comando que nem queremos conversar, ouvir ou escolher um filme [...]. Às vezes, queremos ficar quietinhas um pouco antes de voltar a ser CEO da família.
> — MICHELE WELDON

Desistir, antes impensável, agora é uma estratégia que ela pode empregar à vontade, como me disse. Uma tragédia familiar – a morte de seu amado irmão, Paul, de câncer em 2021 – deu-lhe mais uma vez o poder criativo de desistir. Não havia nada que pudesse ter feito para salvar o irmão, mas ela pode usar a vida dele como um lembrete para se perdoar por coisas fora de seu controle e, então, trabalhar de maneira positiva com as coisas que *pode* controlar, como seu tempo e sua energia emocional.

"Depois da morte de meu irmão, comecei a rever amizades e relacionamentos. Abandonei relações antiquadas e não edificantes. É muito libertador afastar-se das coisas. Eu simplesmente me pergunto: 'Quero mesmo gastar meu tempo fazendo isso?'."

* * *

Assim como Weldon, Amy Dickinson teve que aprender a desistir. Os eventos que a levaram a isso também não foram criados por ela. Foram, no geral, situações que *aconteceram*, que ela daria qualquer coisa no mundo para nunca ter vivido. Mas, quando descobriu o poder de desistir, como me disse, percebeu que este pode ser muito positivo, afirmativo, uma força de cura.

Você talvez tenha ouvido suas perspicazes contribuições para *Wait Wait... Don't Tell Me!*, um programa de perguntas da National Public Radio (NPR), do qual ela participa regularmente. Talvez tenha anuído ao ler as respostas bem pensadas, engraçadas e pragmáticas às perguntas dos leitores de sua coluna de conselhos, de alcance nacional; ou tenha lido seus dois livros de memórias mais vendidos, *As poderosas rainhas* e *Strangers Tend to Tell Me Things*.

Dickinson é uma mulher realizada e imperturbável, cheia de confiança e otimismo. Mas nem sempre foi assim, como me disse ela.

"Em resumo, meu pai abandonou nossa família de maneira abrupta, deixando quatro filhos, uma fazenda em execução hipotecária e um celeiro cheio de vacas holandesas que precisam de ordenha duas vezes por dia. Isso é que é ser desistente!". Mais tarde, "meu primeiro marido foi embora, de novo sem aviso. De novo a desistência! Então, como alguém que passou duas vezes por grandes desistências, lutei muito contra isso".

O resultado, como me contou, foi que se tornou o oposto de desistente: tinha certeza de que "desistir é perder" e se tornou uma pessoa determinada, conscienciosa e ultraconfiável, que nunca desistia de nada nem de ninguém. Até que chegou o momento em que ela abandonou a entidade Filhas da Revolução Americana – um ponto de virada em sua vida, que abordaremos no Capítulo 11. "Tentei desistir pela primeira vez e me senti totalmente livre."

O segredo, aconselha Dickinson, é deixar de lado as expectativas dos outros e fazer o que seu coração e bússola moral dizem. "Sem dúvida, acho que as pessoas não desistem com frequência suficiente. Sei que *eu* não", declarou. "Hoje em dia, os estadunidenses têm a reputação de ser mimados e indisciplinados, mas acho que está embutido em nosso DNA cultural essa sensação de vergonha quando se quer desistir de uma obrigação. Eu acredito que, se você deliberadamente largar algo de que não gosta, vai liberar espaço para assumir outra coisa. Seja deitar no sofá, seja exercer seu livre arbítrio e investir seu tempo em coisas de que gosta."

* * *

Christine Broquet foi pega de surpresa.

Estava casada havia 23 anos. Sua vida não era perfeita; ela e o marido, Bernie, começaram a se afastar, e ele passava muito tempo no exterior por causa do trabalho, mas sempre foram cordiais e respeitosos um com o outro. Seus filhos, Zoe, então com dezesseis anos, e Remy, com onze, eram excelentes crianças.

Então, as coisas estavam bem.

Só que *não*.

Ela descobriu que *não* estavam nada bem quando, durante uma sessão da terapia de casal, seu marido revelou que pretendia fazer uma transição de gênero.

"Eu estava em negação", lembra Broquet, que mora nos arredores de Chicago. "Dizia: 'Nós podemos resolver isso'. Não estava disposta a desistir."

Mas sua determinação a não desistir não importava mais. Não era decisão dela. Seu marido queria o divórcio. O assunto foi tirado de suas mãos. Ela tinha que focar os filhos e se assegurar de que ficassem bem depois do terremoto que abalara a família.

Ficaram. Ambos agora têm sua própria família e carreira que amam. Broquet curte muito ser avó. Mas a lembrança daquele dia de 2002, quando o então marido jogou aquela bomba, ainda a assombra. Levou um tempo para ela entender que aceitar o fim do casamento fora a decisão certa, apesar de não ter sido seu primeiro instinto. Ela estava pronta para lutar por sua família, para não desistir. Só aos poucos percebeu que desistir era o que precisava fazer. Tinha dado o seu melhor, não era culpa dela. Mas isso não fazia doer menos.

"Até meu casamento acabar dessa maneira bizarra", disse, "nada de ruim havia acontecido comigo".

> **Momento bandeira branca**
> Normalmente eu não desisto das coisas. Fico firme e sofro! Mas, um dia, no trabalho, decidi que estava cansada de trabalhar com design. Queria trabalhar com marketing. Minha chefe me chamou e disse que iam dar essa função para outra pessoa [...]. Era janeiro; houve uma enorme nevasca, e havia um monte gigantesco de neve suja bem em frente à janela dela. Parecia um animal. Olhei para aquele monte e pensei: "Queria que esse animal entrasse por aquela janela e arrancasse a cabeça dessa mulher". Foi a gota d'água. Eu sabia que não ficaria lá por muito mais tempo.
> – CHRISTINE BROQUET

DESISTIR

Broquet trabalhou muitos anos com design gráfico. Agora, está escrevendo um livro de memórias sobre o fim do casamento – o título provisório é *The Other Woman* – e tentando se conhecer melhor. Levou muito tempo, como disse ela, para perceber que ser surpreendida pelo divórcio afetara sua capacidade de se posicionar em outros aspectos da vida.

"Eu evitava tomar decisões importantes porque tinha ficado traumatizada com o casamento", admitiu. "Muitos dos meus problemas com a desistência provêm do medo de tentar. Não desisto das coisas com muita frequência porque não *começo* coisas com muita frequência."

Ela está determinada a mudar isso. E, para se sentir à vontade desistindo, afirma, o melhor é fazer mais coisas, para ter mais do que desistir.

* * *

Howard Berkes também teve que desistir estrategicamente para realizar seus sonhos. Trabalhou duro e assumiu riscos, sim, mas também desenvolveu um apreço saudável pelos acidentes do destino – como, digamos, vulcões em erupção –, que podem mudar a vida de qualquer pessoa a qualquer momento.

Por sua longa e premiada carreira na NPR, que durou quase quatro décadas, Berkes tem uma dívida de gratidão para com esse desastre natural. Estava totalmente fora de suas mãos – afinal, era um vulcão –, mas a parte que *estava* sob seu controle ele aproveitou ao máximo.

Se alguém quisesse encontrar Berkes no final dos anos 1970 e início de 1980, o melhor seria procurar na floresta, em Oregon ou Minnesota. Era onde, inquieto e curioso, gostava de ficar explorando sozinho ou liderando viagens de canoa da Outward Bound. Foi comprador de uma livraria universitária, organizador comunitário, intérprete de linguagem de sinais e um monte de outras coisas enquanto tentava descobrir a melhor maneira de canalizar sua energia e compromisso com questões de justiça social. Entrou no curso de comunicação em uma faculdade comunitária, mas não era sua prioridade. Muito mais de seu agrado, disse Berkes, era ser repórter de campo; nessa época, ele começou a fornecer matérias, como freelancer, a uma estação de rádio membro da NPR, em Eugene.

No início da primavera de 1980, o Monte Santa Helena, um vulcão ao sul de Seattle, "começou a arrotar, roncar e cuspir cinzas", lembrou ele. "E eu forneci todas as matérias e chamadas que a NPR transmitiu. Virei o cara do vulcão na rede." O editor da emissora lhe havia dito para subir a montanha e ficar lá.

"Mas, primeiro, eu tive que lidar com a perspectiva de perder aulas. Conversei com alguns professores, expliquei a situação e me ofereci para escrever artigos e fazer apresentações sobre minhas experiências no mundo real, para compensar as aulas perdidas. 'Não', disseram. 'Se perder três aulas, será reprovado'." Então, ele largou a faculdade.

"E eu subi aquela montanha. E consegui entrar no *pool* de imprensa. A experiência foi épica e resultou em minha primeira entrevista ao vivo no *All Things Considered*."

Quando ocorreu a grande erupção do vulcão, em 18 de maio, "aquele editor da NPR me colocou como o principal repórter na cobertura do evento. Fiquei meses no ar".

No final do ano, ele foi contratado como um dos primeiros repórteres nacionais da NPR – apesar de um dos chefes da estação ter-lhe dito que nunca contratariam alguém que não tivesse diploma universitário.

Foi perfeito para Berkes, que se encantou desde o início com "a adrenalina e o desafio criativo do rádio".

* * *

DESISTIR

Um vulcão foi o catalisador da carreira de Berkes, mas ele não o fez entrar em erupção. Weldon não queria criar os filhos sem pai. Cnossen não escolheu sofrer aqueles ferimentos horríveis. Dickinson não pediu para ter um pai irresponsável e um marido mulherengo. Broquet foi surpreendida pelo anúncio de que o ex-marido faria transição de gênero. Cada um enfrentou os desafios que lhe foram lançados, mas que não esperava.

Grande parte de nossa vida está além de nosso controle. Não temos poder de decidir onde nascer, em qual família, ou, em tantas ocasiões, quais eventos acontecem conosco e quando. O falecido Justus Rosenberg, que arriscou a vida para trabalhar com a resistência francesa durante a Segunda Guerra Mundial, disse uma vez a um entrevistador: "Vejo minha vida como aquilo que os franceses chamam de *concours de circonstance* – confluência de circunstâncias. Não existem gênios, na verdade; apenas o que as pessoas fazem com o que recebem, além de uma confluência de circunstâncias".

O senador estadunidense Bob Dole, que morreu em 2021, foi gravemente ferido em serviço durante a Segunda Guerra Mundial. Na carreira política, chegou muito perto de seu objetivo final na Casa Branca. Seu destino foi, por muitas vezes, uma questão de fatores aleatórios, coisa que George F. Will registrou em sua coluna após o falecimento de Dole: "Se ele estivesse a poucos metros de onde estava naquela colina italiana, em 14 de abril de 1945, ou se a guerra na Europa houvesse terminado 25 dias antes, teria escapado do grave ferimento que o deixou com dor pelo resto da vida. Mais alguns milhares de votos em Ohio e Mississippi em 1976 teriam tornado Dole vice-presidente".

Assim, resistimos o melhor que podemos enquanto somos atormentados por eventos e contingências. Dentro de todo esse fluxo, agitação e incerteza, dentro desse turbilhão constante, há muito pouco que podemos fazer. Exceto isto: desistir quando for preciso. E deixar que os outros também desistam quando *precisarem*, sem julgá-los.

E esses dois atos, por mais simples que pareçam, podem mudar o mundo.

Pense nisso

Você teve um pouco de sorte na vida. E de azar também. É assim para todos. No entanto, na incerteza de uma vida confusa, você pode realizar pelo menos um ato puro e definitivo: desistir. Pode mudar de curso quando precisar. É uma maneira de lutar contra o acaso e recuperar seu poder.

CAPÍTULO 6

Fazendo do mundo um lugar melhor — um "para mim, chega!" de cada vez

O outro lado da positividade é, portanto, uma dura insistência na responsabilidade pessoal: se sua empresa fracassa ou seu trabalho é eliminado, deve ser porque você não se esforçou o suficiente.
BARBARA EHRENREICH

EM 9 DE JANEIRO DE 2022, um incêndio destruiu um apartamento no alto de um edifício no Bronx, em Nova York, matando dezessete pessoas. Havia crianças de até quatro anos entre os mortos. Citando o relatório do corpo de bombeiros que dizia que um aquecedor de ambientes havia causado o incêndio e que as portas abertas das escadas ajudaram o fogo a se espalhar, o recém-eleito prefeito da cidade, Eric Adams, disse: "Se pudermos tirar uma lição disso", é simplesmente: "Fechem a porta. Fechem a porta. Fechem a porta".

Isso enfureceu o jornalista Ross Barkan. Em uma matéria intitulada "Why is New York City's mayor blaming tenants for the deadliest fire in a century?" [Por que o prefeito de Nova York está culpando os inquilinos pelo incêndio mais mortal do último século?], Barkan escreveu: "A história do incêndio no Bronx não é de responsabilidade pessoal. Ao culpar atores individuais, Adams permite que os verdadeiros culpados, os proprietários do prédio, se eximam. Por que um inquilino precisa usar um aquecedor de ambientes? Por que as portas estavam com defeito?".

Algumas respostas à tragédia foram baseadas em um roteiro já conhecido: dizer às pessoas que se encontram na parte inferior da escala econômica que seus reveses são, em grande parte, culpa delas mesmas. Se houvessem trabalhado mais e se lembrado de fechar uma porta, não seriam pobres e azarados, nem vítimas de um incêndio horrível. Se não desistissem com tanta frequência...

Barkan, furioso com a implicação de que os inquilinos foram responsáveis por seu próprio destino, acrescenta em sua matéria: "Mais crianças e adultos oprimidos por sua suposta culpa dos problemas em edifícios em ruínas significarão uma classe de investidores imobiliários que continuará fazendo o que sempre tem feito: cortar custos para gerar lucros".

As autoridades da cidade não citaram Samuel Smiles, mas poderiam muito bem tê-lo feito. Porque ofereceram um eco do manifesto desse escritor: se você vive à margem da vida, se está ficando para trás, se coisas ruins acontecem e você se pergunta por que, olhe-se no espelho.

Poderia haver uma conexão entre nossa indiferença à desigualdade econômica e à injustiça social e nossa celebração da coragem?

* * *

De incêndios a execuções hipotecárias, de pobreza a pandemias, o mundo está cheio de problemas complexos. O culto à perseverança oferece uma resposta simples: aguente firme, não desista. Mas essa é uma promessa falsa, diz Micki McGee, e, no fim, pode nos tornar menos compassivos com os necessitados.

"Livros de autoaperfeiçoamento não funcionam. *Não funcionam*. Toda essa construção é uma ilusão", declarou McGee, escritora e acadêmica, em sua casa em Nova York. "Você *não é* um eu independente. Você faz parte de um sistema de organização do qual todos fazemos parte. A ideia de que agimos como indivíduos, em dias bons, é hilária; em dias ruins, é trágica."

O livro de McGee, lançado em 2005, *Self-Help Inc., Makeover Culture in American Life,* oferece uma crítica forte e muito bem argumentada aos programas de desenvolvimento pessoal. Eu lhe perguntei se sua opinião já foi amenizada nesses dezessete anos desde que o título foi publicado.

A resposta foi *não*. Ela continua cética como sempre foi em relação à promoção da perseverança, mas agora tem duas novas razões para questioná-la (não que uma crítica feminista não fosse motivo suficiente): a ascensão dos estudos sobre deficiências, novo foco de sua pesquisa e de aulas na Universidade Fordham, e o efeito da pandemia sobre todos nós.

"A cultura do autoaperfeiçoamento é desencarnada", disse ela. "É uma negação de nossa vulnerabilidade física. Sempre se supõe que a pessoa esteja superando sua insuficiência corporal." A autoajuda impõe "a ideia de capacidade ilimitada, sem rachaduras na armadura". Mas o vírus da covid-19 nos fez lembrar aquilo que as pessoas que lidam com uma deficiência – própria ou de um ente querido – já sabiam: ninguém é imune à dura loteria da doença. "As pessoas adoecem", declara McGee. "Têm que passar um ano de cama. Ou têm um filho com deficiência de desenvolvimento. Precisamos fazer o que a autoajuda *não* faz: lidar com o corpo em sua fragilidade, não em sua capacidade. E com a mente em sua fraqueza, não em sua robustez."

Esses enfoques bajuladores sobre bilionários – que dizem "Eles conseguiram, por que você não?" – só pioram as coisas. "A autoajuda oferece esse ideal fantasmático do ser humano como invencível – o ideal de Jeff Bezos; o mito de fazer-se sozinho. Ora, e se a pessoa ganha um salário-mínimo e não tem dinheiro nem para pagar o aluguel?"

Nas histórias sobre Bill Gates, Mark Zuckerberg e Elon Musk, o tema geralmente é o mesmo: pessoas determinadas e implacáveis. Aquelas que não desistiram. Suportaram contratempos e prosseguiram. Se outras pessoas lutam e vacilam, deve ser porque lhes falta esse zelo, essa vontade de ser determinadas e ignorar o desânimo. Não importa se as pessoas que lutam nasceram pobres, ou pretos, ou pardos, ou mulheres, ou com deficiências físicas ou psicológicas, ou de pais sem documentos: tudo isso pode ser superado com bastante empenho – pelo menos, é o que diz essa teoria.

É fácil culpar as pessoas por seus problemas quando se tem certeza de que elas os provocaram por desistir. "O ideal de sucesso individual e autoinvenção, simbolizado por figuras como Benjamin Franklin, Andrew Carnegie e Bill Gates, serve para persuadir os trabalhadores estadunidenses", escreve McGee em *Self-Help, Inc.*

Em 2021, as pessoas mais ricas ficaram muito mais ricas. "O ano passado [foi] o melhor momento da história para ser um dos bilionários dos Estados Unidos", escreve Eli Saslow no *Washington Post*. "A riqueza acumulada deles cresceu cerca de 70% desde o início da pandemia [...]. Juntos, esses 745 bilionários, agora, valem mais que os 60% dos lares americanos mais pobres juntos." Esse não é um estado saudável, mas, mesmo assim, nós o toleramos. Poderia haver uma ligação entre nosso viés cultural contra a desistência e nossa tolerância com a crescente distância entre ricos e pobres? Esse viés nos ajuda a racionalizar nossa inação quanto a isso: *eles devem ser preguiçosos. Devem ser desistentes. Porque todo mundo sabe que o sucesso é uma questão de se esforçar e acreditar em si mesmo.*

Como disse McGee, precisamos continuar tentando criar um mundo que funcione para todos, ricos e pobres: "O objetivo não é o eu. O objetivo é o engajamento com o mundo e com outras pessoas. Sabemos que há uma maneira melhor de viver e que essa maneira permite que a pessoa deixe de 'consertar' ou fortalecer o eu e passe a cuidar do futuro. O futuro de todos".

DESISTIR

* * *

Phillip Martin não gosta muito da palavra "perseverança", apesar de que muitas pessoas podem dizer que sua vida reflete abundância dessa mesma qualidade. "Ela está na mesma categoria que a linguagem que diz 'faça as coisas sozinho'", disse ele. "É excessivamente simplista e impregnada de individualismo." Ele prefere creditar seu sucesso a outros fatores: uma grande rede de apoio e desistência estratégica.

"Tive várias desistências importantes na vida", diz ele, como largar a faculdade em 1973 para ser ativista pela justiça racial em Boston, uma decisão que o levou a deixar sua cidade natal, Detroit. "Foram as duas desistências mais inteligentes de minha vida, porque mudaram meu futuro de maneiras que eu nunca poderia imaginar."

> **Momento bandeira branca**
> Era abril, primavera de 1975. Eu estava na sala de aula da Universidade de Wayne State. Um amigo me entregou um panfleto que convocava os estudantes a ir a Boston naquele verão "para lutar contra o racismo" [...]. Em junho, fui de Detroit a Boston em um Ford Pinto bege, que quebrou duas vezes no caminho. Fiquei em uma casa na Waldeck Avenue, em Dorchester, com quatro colegas. Durante parte do verão, dei aulas de escrita e história negra para jovens na Highland Park Free School de Roxbury.
> — PHILIP MARTIN

Martin, repórter investigativo sênior da WGBH, estação de rádio pública de Boston, filiada à NPR, disse que a palavra "perseverança" implica que ele conseguiu as coisas só por seu próprio esforço. "As partes baixas dos meus altos e baixos foram temporárias porque tive muita ajuda para me levantar", incluindo o apoio de sua esposa, Bianca; de sua mãe, Louise; de editores da NPR que acreditaram nele no início da carreira; e de professores e mentores ao longo do caminho, pessoas que viram um jovem preto de origem pobre e enxergaram o jornalista talentoso em que se transformaria.

Atribuir seu sucesso só à perseverança é enganoso, disse Martin. É ignorar o papel que outras pessoas desempenharam em sua vida enquanto ele tentava realizar seus sonhos. "Eu me mudei para Boston e imaginei um dia escrever sobre essa cidade e toda sua sujeira, crime e complexidade racial, e é isso que ainda faço."

E ele é capaz de fazer isso não só porque trabalha duro, ou porque é inteligente e talentoso. Quando fez grandes mudanças, como abandonar sua cidade natal, teve o amor e o apoio de pessoas em quem podia confiar. E nunca se esquece disso. Foi um esforço em grupo, afirmou, não uma escalada solo.

* * *

Houve um tempo, contou-me Joe Rodriguez, em que o futuro era a última coisa no mundo em que ele queria pensar. Nascido no leste de Los Angeles de pais mexicanos-americanos que falavam pouco inglês – nenhum deles havia concluído o ensino médio –, inicialmente ele não sabia o que queria fazer da vida. Essa falta de objetivo era um fardo para ele, como um julgamento sobre seu valor como pessoa.

"Era constrangedor", disse, "não ter um plano definido, uma meta, um emprego com salário fixo".

Sem uma lista de metas e os passos que daria para alcançá-las, sentia a reprovação do mundo. Tinha orgulho de sua ascendência e não queria que sua inquietação refletisse mal nas pessoas que amava. Sendo de uma família extensa proveniente do norte do México, ele sabia que esperavam muito dele devido a sua inteligência e criatividade. Mas ele não conseguia se firmar.

"Passei cinco anos entrando e saindo, entrando e saindo da faculdade comunitária. Não sei quantas vezes mudei de curso. Eu estava indeciso e inseguro. Deixei meu cabelo crescer e fiquei andando de moto com meus amigos pela costa da Califórnia", disse, rindo. Mas logo ficou sério de novo. "Eu era um garoto confuso e sem âncora; não conseguia descobrir o que queria fazer." Desistir foi praticamente a única coisa que ele fez de maneira consistente, disse.

Durante uma de suas repetidas incursões na faculdade, ele estava na biblioteca, um dia, quando lhe ocorreu: queria escrever. E que se danasse a opinião de qualquer outra pessoa sobre isso. "Lembro-me de pensar: 'Tenho 50% de chance de arranjar um emprego em que possa escrever'."

Deu certo. Em 2016 Rodriguez se aposentou, depois de quase três décadas no jornalismo, tendo trabalhado como colunista no *Hartford Courant* e no *San Jose Mercury-News*. Agora, vive em uma comunidade pequena perto das Montanhas de San Bernardino, na Califórnia.

Escrever uma coluna diária para um jornal era o emprego dos seus sonhos. "Eu gostava de focar minha coluna nas pessoas comuns." Por "comum" ele não quer dizer sem importância. Quer dizer que não são celebridades, políticos ou magnatas dos negócios. Pessoas que, como certo garoto inquieto, de cabelos compridos, que andava de moto pela Highway 101 alguns anos antes, talvez estejam incertas e até meio perdidas, mas têm certeza de que, no fim, descobrirão seu destino na vida.

"Acho que era meu destino avaliar todas essas coisas que eu queria fazer, antes de apostar no trabalho certo para mim. Mas, definitivamente, acho que a sociedade dá um status mais alto às pessoas que dizem que já sabiam o que queriam ser no futuro desde o instante em que saíram do útero da mãe."

Se você for bem-sucedido, disse Rodriguez, seu sucesso será atribuído à perseverança. Se não for, deve significar que você desistiu. Mas ele acredita que há outro fator que o mundo tende a encobrir: "Passamos muito tempo elogiando pessoas que apenas têm sorte".

E a sorte, é claro, pode ir nos dois sentidos.

* * *

"Grande parte do conceito de autoajuda faz de *nós* os responsáveis", disse Wendy Simonds, professora de sociologia da Universidade Estadual da Geórgia. "A ideia é que temos controle sobre nossa vida; isso *se* seguirmos as regras." Liguei para Simonds porque ela escreveu um livro em 1992 intitulado *Women and Self-Help Culture: Reading Between the Lines*. Seus interesses de pesquisa foram em outras direções; agora ela está estudando a sociologia do sistema de saúde americano, mas ainda está de olho na indústria do autoaperfeiçoamento – que, nos últimos anos, desde a publicação de seu livro, só aumentou sua presença nas listas de *best-sellers* e sua enorme influência na vida das pessoas, ensinando que a perseverança é a chave para a felicidade.

> **Momento bandeira branca**
> Originalmente, eu queria ser artista. Sempre gostei de fazer arte. Mas, um dia, pensei que provavelmente não seria possível ganhar a vida dessa maneira. Muitas vezes desejei arranjar um trabalho que envolvesse arte. Leciono há muito tempo, desde 1985, e agora só penso em parar.
> – WENDY SINMONDS

"A autoajuda faz as pessoas sentirem que podem ser *experts* na própria vida", disse ela. "Lembro que entrevistei uma mulher para meu livro que tinha uma pilha de títulos para me mostrar, todos de autoajuda. Ela sentia orgulho por ter essa motivação para o autoaperfeiçoamento."

Mas, mesmo que ganhos pessoais modestos sejam possíveis por meio de um livro ou podcast, eles não ajudam com os problemas maiores que assolam a sociedade, observa Simonds, como racismo sistêmico, pobreza infantil e acesso desigual aos cuidados à saúde. "No geral, não vão resolver os problemas que se propõem enfrentar, ainda mais se forem sociais."

Esses problemas permanecem, crescem e infeccionam. Talvez seja porque estamos menos interessados em lidar com questões complicadas, como desigualdade de renda e injustiça social. É mais fácil pegar um livro de autoajuda e dizer: *Pronto. Aí está. Você leu isso? Se der tudo de si, as coisas vão dar certo.*

Responsabilizar as pessoas por sua situação de vida, sem levar em conta as especificidades de suas lutas, e estigmatizá-las por desistir permitem o florescimento de um mundo injusto. Porque a vida dos outros é complicada e, em essência, não a conhecemos, mas é sempre muito mais fácil culpar.

Em seu romance *Mercy Street*, de 2022, Jennifer Haigh inclui um parágrafo que canaliza a visão da sociedade sobre as pessoas que frequentam uma clínica chamada Wellways, em um bairro decadente de Boston: "Vício em drogas e alcoolismo, depressão e ansiedade, gravidez acidental e doenças sexualmente transmissíveis. Acredita-se que essas condições compartilhem uma etiologia comum: o fracasso da virtude. Seja qual for o diagnóstico, todos os pacientes da Wellways têm isso em comum: seus problemas são vistos, em parte ou por completo, como sendo sua própria culpa".

* * *

JULIA KELLER

Mas como se chegou a isso? Uma cabala de pessoas ricas se reuniu um dia, em Jackson Hole ou Davos, e decidiu fazer da desistência o vilão da história, como modo de manter as massas sob controle? (Posso imaginar o magricela e sorridente Sr. Burns, de *Os Simpsons*, tendo lançado essa trama contra a ralé, gargalhando diabolicamente enquanto ergue um exemplar de *Autoajuda*, de Smiles, e acena sobre a cabeça de seus companheiros zilhardários como uma espécie de bênção.)

Não. Não é assim que a cultura funciona. Ela é construída por acréscimo lento de uma variedade de fontes; é um acúmulo gradual de canções, histórias e erudição, de mitos, fofocas, slogans publicitários e adesivos de para-choques. Não é um processo aberto; ela se infiltra sutilmente na sociedade. Não acontece por meio de legislação ou decreto executivo. Não há como apontar ao certo quando se tornou parte da mentalidade comum; tudo que se sabe é que um dia olhamos e ela está ali. E parece que sempre esteve. Como Louis Menand escreve em *The Free World: Art and Thought in the Cold War*, "As culturas são transformadas não deliberada ou programaticamente, e sim pelos efeitos imprevisíveis de mudanças sociais, políticas e tecnológicas em conjunto a atos aleatórios de polinização cruzada".

Vivemos em um mundo que foi doutrinado pela ideia de Smiles de que o esforço irrestrito sempre trará recompensas. Por extensão, se você não receber essas recompensas, é culpa sua. Como Sarah Kendzior observa em sua brilhante coleção de ensaios sobre o sistema de castas e justiça social estadunidenses, *The View From Flyover Country*: "Quando a riqueza é considerada mérito, o azar é visto como mau caráter". Você apertou o botão soneca muitas vezes; saiu da esteira cedo demais; não acreditou em si mesmo. Você desistiu. E, se você se atrever a citar outros possíveis fatores que influenciam suas oportunidades, será considerado um resmungão. Um bebê chorão.

A predileção contra a desistência é insidiosa não porque diz que a autotransformação é possível – é possível e acontece todos os dias –, mas porque implica que o resultado desses esforços está sempre em nossas próprias mãos. As forças sociais não contam; fatores políticos não contam. Então, se as forças sociais e a política são irrelevantes para o destino, por que se preocupar em corrigir o sistema tributário para torná-lo mais justo? Por que se preocupar com moradia acessível?

As pessoas que dirigem empresas de marketing multinível tiram vantagem de nossa disposição de ver o sucesso e o fracasso apenas como resultados do esforço individual. Esses esquemas exploram nossas inseguranças e vulnerabilidades. Todo mundo anseia por validação, talvez tanto quanto deseja uma renda extra, e por isso se deixa persuadir de que a única maneira de fracassar é não trabalhar o suficiente. Ficar aquém das metas de vendas não tem nada a ver com o produto ou a técnica usada para vender; significa apenas que desistimos com facilidade. É o mesmo velho culpado, no marketing multinível e em outros reinos: a desistência.

Mas desistir não é o problema; é a solução.

E há uma maneira melhor de fazer isso.

Pense nisso

Você é sempre informado sobre os problemas do mundo, desde guerras e pobreza até fome e falta de moradia. Está começando a questionar a mensagem que recebemos durante tantos anos – que, se as pessoas marginalizadas tentassem mais, conseguiriam se dar bem. O mito da perseverança é muito usado pelos poderosos para demonizar as pessoas necessitadas. É hora de parar de culpá-las, porque estamos todos juntos nessa.

PARTE TRÊS

Desistência: um guia prático

Dê um passo para trás a fim de saltar mais alto.
DUDLEY CARLETON (1573-1632)

CAPÍTULO 7
O quase desistir: uma pausa e uma guinada

Vamos recuar para poder atacar.
CHUCK RHOADES (PAUL GIAMATTI) NA SÉRIE *BILLIONS*

TIGER WOODS É UM DESISTENTE.

Antes que vocês, fãs de golfe, me batam com um taco de ferro 9, deixem-me explicar: o homem que venceu quinze grandes torneios e definiu a excelência em um esporte incrivelmente difícil, cujo mantra era "nunca desista", o vencedor consumado, o grande campeão que lutou contra o sofrimento físico e emocional nunca foi mais campeão e um competidor maior que no Masters de Golfe de 2021.

Ele não venceu. Não chegou nem perto. Na verdade, ficou em 47º.

Mas, pela primeira vez, muitos que o observavam notaram que ele parecia satisfeito por não chegar ao primeiro lugar. Porque havia chegado ao fim do torneio e ponto. Depois de sofrer lesões devastadoras em um acidente de carro, em 23 de fevereiro de 2021, chegar ao final do torneio foi uma grande conquista. Um jornalista lhe perguntou: "Poder competir foi o equivalente a uma vitória para você?".

E a resposta de Woods foi: "Sim".

Ele não abandonou o torneio, mas desistiu do perfeccionismo que o perseguia no passado, mentalidade que fazia que qualquer coisa menor que a vitória absoluta lhe fosse indistinguível de uma derrota esmagadora. Ele parou de pensar em seu trabalho de maneira estreita.

Como outras pessoas que veremos mais à frente – algumas delas, figuras históricas conhecidas –, Woods não mudou tudo em sua vida e trabalho, não deu as costas ao que havia vivido antes em um ato rápido e definitivo. Não abandonou de repente o esporte que o cobrira de riqueza e fama, não desistiu da carreira que dava tanto prazer a seus fãs por vê-lo se destacar repetidamente. Não recuou de repente em seus famosos padrões elevados de desempenho atlético. Ele queria vencer, tanto quanto em todos os anos que já havia jogado.

Mas, mesmo assim, desistiu. Desistiu de um jeito de competir, que lhe exigia considerar aceitável somente a vitória. Trocou-o por outra maneira, que leva em conta a pessoa como um todo e a realidade presente; que envolve contexto e história.

O que Woods conseguiu naquele dia foi uma quase desistência. Ou uma desistência precisa. Essa é uma das várias estratégias criativas que veremos nos próximos capítulos: uma maneira construtiva de transformar essa ação historicamente vilipendiada – desistir – em uma abordagem de vida que pode propiciar alegria e satisfação, em vez de frustração e vergonha.

Woods fez uma avaliação realista das circunstâncias e adequou suas expectativas. Sem dúvida, mudou algumas coisas aqui e ali em sua mente. Mediu a direção do vento, inclinou-se para um lado e depois para o outro, avaliando o momento como se calculasse a melhor estratégia para uma tacada difícil, analisando-a de uma dúzia de ângulos diferentes antes de escolher o taco e jogar. Sob essa nova perspectiva, ele foi o maior vencedor de todos.

Bryony Harris, uma mulher que mudou sua vida aos 64 anos, quase desistiu. Há uma década, depois de uma carreira variada na Grã-Bretanha – foi, entre outras coisas, arquiteta e fotógrafa –,

DESISTIR

mudou-se para a Noruega e se tornou psicoterapeuta. Seus recomeços crônicos não foram tão dramáticos, contou-me, apesar de parecerem para quem via de fora. Eram questões de graduação. "Nunca tomei uma decisão do tipo 'vou parar de fazer isso e fazer outra coisa'", disse ela a um repórter em 2021. "Sempre fiz progressões suaves."

O que Woods e Harris sabem é o seguinte: desistir pode ser um botão de reostato, não apenas de liga/desliga.

* * *

Leidy Klotz entende a quase desistência. Professor de engenharia, arquitetura e negócios na Universidade da Virgínia, ele é o autor de *Subtract: The Untapped Science of Less.*

"É preciso lutar contra esse pensamento binário", diz ele. "Quando a pessoa desiste, não significa que não pode ficar com alguma coisa."

Desistir e não desistir, acrescenta, "não são opostos. São maneiras diferentes de reagir, de fazer algo melhor. Pode haver subtração para somar, assim como desistência para não desistir".

No entanto, muitas vezes nossa visão sobre a desistência é de tudo ou nada, concorda Klotz. Isso é estimulado pela ideia de que desistir é fracassar, é ficar preso a uma extremidade de um espectro, em vez de se mover para cima e para baixo no continuum conforme justifiquem as circunstâncias. Essa visão insiste que, quando a pessoa desiste, ela perde. Essa desistência deve ser um momento no tempo – um momento dramático.

Claro, desistir *pode*, sim, ser um gesto dramático de tudo ou nada. Pode ser uma renúncia estrondosa. Pode envolver o lançamento de objetos e palavrões.

Mas desistir *não precisa* ser nada disso. Pode ser meditado e deliberado. Pode ser sutil, com nuances e delicadeza. Pode ser o resultado de uma percepção lenta e de uma mudança gradual, uma acomodação graciosa e uma guinada astuta, assim como foi para Charles Darwin.

Em certa manhã de primavera em 1858, Darwin tinha 59 anos. Estava no auge de seus poderes intelectuais. Tinha propensão à indigestão, mas, de resto, era saudável. Depois de uma longa viagem marítima que havia feito na juventude, ele se instalara em sua casa grande e confortável, com uma família que estimava, para lá meditar e movimentar suas ideias. Estava tentando descobrir por que tantas espécies diferentes rastejavam, voavam, saltavam, corriam e deambulavam pelo planeta.

Ele tinha quase certeza de ter uma teoria plausível. Não houve um momento *Eureka!*, só uma série de revelações pequenas, que iam apontando para uma conclusão interessante. Mas ele ainda não havia publicado suas ideias. Sempre faltava mais um experimento a realizar, mais um ensaio de um colega a consultar, mais um fato a apurar. Ele era um procrastinador impenitente, hesitante, sem remorsos.

Momento bandeira branca

Eu estava no escritório de meu chefe levando bronca. Por cima de seu ombro, podia ver o centro de Chicago, um pequeno horizonte. Pensei: "Esta é a última vez que vejo essa vista dessa janela". Eu simplesmente sabia disso. Quando as pessoas me perguntam "como você sabe que é hora de desistir?", sou honesta com elas. Não digo "você também pode fazer isso", porque eu tenho uma rede de segurança. Meu marido tem um bom emprego, que nos garante um convênio médico. Eu digo a elas para tornar prioridade aquilo que querem fazer, mesmo que não possam largar o emprego agora. Não é preciso esperar o momento de pedir demissão. Talvez isso demore muitos anos. Há muitas coisas que se pode fazer antes disso.

— LORI RADER-DAY

DESISTIR

Um dia, chegou a notícia – veremos os detalhes mais adiante – de que outra pessoa havia tido uma ideia muito semelhante e estava prestes a publicar um ensaio sobre o tema.

Aquilo era um desastre. Significava que o trabalho de toda uma vida de Darwin seria em vão, pelo menos em termos de obter o crédito por suas ideias que quebravam paradigmas. Ele receberia pouco reconhecimento por ter revolucionado a biologia, porque alguém havia chegado primeiro.

Àquela altura, ele tinha uma escolha. Podia ficar furioso, retorcer as mãos, amaldiçoar o Deus em quem não acreditava e continuar trabalhando, fazendo tudo como sempre havia feito – arrastando-se, desperdiçando mais décadas em indecisão e atrasos. Podia ranger os dentes e manter o curso.

Ou podia desistir.

Darwin não tomou uma atitude dramática. Não jogou seu material pela janela nem subiu pelas paredes. Não desistiu de seus estudos do mundo natural. Não queimou seus manuscritos.

Ele desistiu, sim, mas *como* o fez é o que importa. Ele desistiu com estratégia. Desistiu do que hoje chamaríamos de fase de marketing de seu trabalho. Começou a mudar a maneira como se apresentava ao mundo, e deu certo. Pouco mais de um ano depois, *A origem das espécies* foi publicado.

* * *

Desistir não precisa ser uma questão de extremos: sim ou não, presente ou passado, agora ou nunca. Não significa necessariamente jogar tudo para o alto. Também pode significar uma recalibração leve, mas crucial, de estratégias. Uma mudança assim pode ser tão libertadora e significativa quanto abandonar algo por completo. É uma maneira de usar o que já sabemos à medida que avançamos, em vez de começar do zero.

É assim que Dave Allen tem conduzido sua vida. Ele sempre foi capaz de transformar um interesse apaixonado por uma coisa em um interesse apaixonado por outra. Desistir é um começo para ele, não um fim, disse. Nada do que ele aprendeu foi desperdiçado.

"É difícil ser eu", disse-me, rindo. "Porque tenho que saber tudo sobre tudo!"

Nascido e criado em Sewickley, Pensilvânia, Allen agora mora na região de Cincinnati, em Ohio. Ele recorda com prazer um momento especial, aos quinze anos, quando ouviu um acordeão pela primeira vez. Algumas aulas depois, ele tocava o instrumento em uma banda e ganhava bem. Durante a faculdade, foi DJ em uma estação de rádio local. Seu romance com o rádio continuou por mais de uma década, mas depois deu lugar a seu grande interesse por computadores.

"Eu me apaixonei por programação e abri uma empresa de softwares personalizados", disse. Ele vendia seus produtos – entre eles, programas para medir audiências e preferências – para emissoras de rádio. Então, sua atenção foi atraída por outro ramo: o imobiliário. Tirou licença de corretor de imóveis a fim de comprar casas para reformar. "Muitas pessoas veem as mudanças que eu fiz e perguntam o que me motiva. E eu digo: 'Medo!'." Ele riu. "Afinal, que diabos eu vou *fazer*?"

Ele quer dizer medo econômico, sim. Pagar contas e tal. Mas há outra coisa que teme ainda mais: o tédio, a ferrugem, ficar obsoleto. "Acho que essa qualidade me fez seguir em frente e me reinventar."

Em 2009, começou a fazer curso de aviação. "Desisti três vezes. Foi a coisa mais difícil que já fiz. Mas sempre voltei." Tirou a licença de piloto há dois anos.

Sua esposa, Karen, é professora de artes culinárias em centros comunitários. "Às vezes ela me vê com dificuldades em alguma coisa e diz: 'Dave, desista'. Mas eu não sou desistente." Só é um quase desistente. E curte ao máximo.

* * *

Em uma matéria de 2021 publicada *no New York Times* sobre Vinny Marciano, um nadador de primeira linha que deu uma guinada surpreendente na vida em 2017, David W. Chen usou uma metáfora maravilhosa para descrever uma quase desistência. É comum que atletas de elite sintam a imensa pressão de sempre precisar ser ótimo, então Chen observa: "Mas e se abrigassem um desejo secreto de desistir e quisessem começar de novo – como apertar Ctrl + Alt + Del?".

Desistir não precisa ser um ponto-final. Pode ser uma hesitação, um período de reflexão, após o qual vamos atrás de um novo objetivo, talvez semelhante ao anterior, talvez não. Uma pausa e uma guinada.

Marciano quebrou recordes no estilo livre e costas de natação quando estava no ensino médio em Nova Jersey, chegando a ser comparado com Michael Phelps. Seu potencial parecia ilimitado. Mas então, escreve Chen, ele de repente pareceu estar desaparecendo.

Ele ainda estava lá, só não na piscina. Exausto da natação, Marciano virou alpinista. Sua paixão pelo atletismo era inabalável, e ele apenas a redirecionou. A carreira de nadador começou a ser mais um fardo que uma alegria, contou ele a Chen: "Eu via uma escada sem fim; independentemente do que fizesse, sempre haveria algo que eu teria que alcançar". E a escalada lhe proporcionava a mesma liberação física, mas sem a ansiedade.

* * *

Para atletas que não são de elite, pode ser o problema oposto: como desistir de algo em que você é medíocre, na melhor das hipóteses, mas que não quer abandonar?

Na primeira página de seu livro *Como o futebol explica o mundo: um olhar inesperado sobre a globalização*, Franklin Foer faz uma admissão franca: ele é um péssimo jogador de futebol. É tão ruim que ver seus tropeços é insuportável para quem gosta dele – e, por consequência, para a reputação da família: "Quando eu era pequeno, meus pais viravam de costas para o campo para evitar me ver jogar".

Se tivesse que escolher: futebol ou respeito próprio?

Bem, não. Foer podia ter ambos: seu amor pelo futebol *e* o desejo de realização. As coisas que ele fazia bem – pensar, pesquisar, entrevistar e escrever – podiam ser combinadas com seu amor por um esporte que ele não conseguiu dominar como jogador: "Como eu nunca alcançaria competência no jogo em si", escreve, "poderia fazer a segunda melhor coisa, que era tentar adquirir a compreensão de um especialista". Ele poderia quase desistir do futebol.

Em seu livro *Por que os generalistas vencem em um mundo de especialistas*, David Epstein aponta que a visão tradicional de sucesso – que só pode decorrer da devoção persistente e hiperfocada a um objetivo imutável – muitas vezes está errada.

"Contadas em retrospectiva pela mídia popular", escreve Epstein, "histórias de inovação e autodescoberta podem parecer jornadas ordenadas de A a B". Mas nem sempre é esse o caso: "Pesquisas em inúmeras áreas sugerem que a divagação mental e a experimentação pessoal são fontes de poder, e os avanços sempre à frente são superestimados".

Você nunca saberia disso lendo perfis de celebridades, que dizem sempre o mesmo: *Desde o início, eu sabia o que tinha que fazer e fiz. Não olhei para a direita nem para a esquerda, só para frente. E é claro que nunca desisti.*

Dizem-nos que a perseverança sempre compensa. Que o caminho longo e complicado é uma perda de tempo e não leva a lugar nenhum. Que nossos heróis – atletas, atores, empresários, CEOs – nascem sabendo aonde querem ir e vão, sem qualquer hesitação ou trocas. Que só sonhadores preguiçosos ficam pulando de uma atividade para outra.

Mas, como Derek Thompson relata em um ensaio publicado no *Atlantic.com*, ajustar sua carreira – tentar isso, depois aquilo, seguir uma direção diferente – pode trazer recompensas mais tarde, porque pesquisas salariais de várias profissões "descobriram que as pessoas que mudam de emprego com mais frequência no início da carreira tendem a ter salários e rendimentos mais altos nos primeiros anos de trabalho – uma boa quantia de dinheiro".

De modo que você não precisa desmerecer todas as esperanças e sonhos que já teve. É preferível fazer mudanças e tentar algo diferente. Um quase desistir pode sugerir uma nova direção e ampliar sua percepção de opções possíveis para a vida. É uma maneira de dar a si mesmo o presente de renovação pessoal, sem esperar que alguém decrete que você é digno disso.

> **Momento bandeira branca**
>
> No último minuto, mudei de ideia e fui estudar ciências políticas em outro lugar [...]. Ninguém, em sã consciência, argumentaria que paixão e perseverança não são importantes, ou que um dia ruim é uma deixa para desistir. Mas a ideia de que uma mudança de interesse, ou uma recalibração de foco, é uma imperfeição e uma desvantagem competitiva leva a uma história simples e padronizada.
>
> – DAVID EPSTEIN

Em um estudo sobre carreiras do Centro Harvard para Mente, Cérebro e Educação, escreve Epstein, algo inesperado emergiu dos dados. Os pesquisadores haviam previsto resultados bastante diretos: os hábitos e rotinas das pessoas bem-sucedidas, independentemente de suas áreas, seriam bastante semelhantes. Para sua surpresa, relata ele, "aconteceu que quase todas as pessoas seguiram o que parecia ser um caminho incomum". Isso levou Epstein a oferecer o seguinte conselho: "Encare sua jornada pessoal e seus projetos como Michelangelo encarava um bloco de mármore: disposto a aprender e se ajustar à medida que avança, ou até a abandonar um objetivo anterior e mudar totalmente de direção, caso surja a necessidade".

* * *

Em 1723 não existia o Centro Harvard para Mente, Cérebro e Educação, mas Benjamin Franklin, então com dezessete anos, sabia que tinha que fazer o que achava certo para ele, apesar das consequências. Ele não tinha interesse em caminhos trilhados por outros; era inquieto e ambicioso.

Também estava injuriado. O irmão mais velho, James, era seu chefe em uma gráfica na Filadélfia, e o jovem Ben se sentia menosprezado e desvalorizado. Decidiu se mandar, escreve Walter Isaacson em *Benjamin Franklin: uma vida americana*. Mais tarde, Franklin retornaria ao ramo gráfico, que se tornaria o centro de sua vida profissional e fortuna. Sair da gráfica do irmão foi uma quase desistência, o momento que pareceu uma nova direção, mas que, na verdade, foi um breve interlúdio. Ele teria muitas dessas guinadas temporárias ao longo de uma vida longa e agitada – desistências e partidas que seriam apenas manifestações de sua curiosidade propulsora.

"Franklin", disse-me Edward Gray, "é o exemplo absoluto de agilidade cognitiva".

Gray, que dá aulas de história na Universidade Florida State com foco na história estadunidense primitiva, disse que Franklin sempre fazia diversas coisas. Seu interminável interesse pelo funcionamento do mundo o fazia mergulhar em um projeto atrás do outro, desistindo da obsessão de ontem para satisfazer a de hoje. A quase desistência era uma questão de estratégia para ele.

> **Momento bandeira branca**
> No ensino médio, eu queria ser um soldador elétrico ou mecânico industrial. Cresci construindo modelos. Fiz motores para karts, desmontava coisas. Tinha muito interesse na mecânica dos objetos quando era criança. E pensava que era isso que queria fazer da vida. Queria fazer e quebrar coisas. Mas isso foi no final dos anos 1970. Houve a recessão, vi muito desespero. Meus pais descobriram que eu estava fazendo curso técnico e ficaram apavorados. Eles haviam feito faculdade. Fui para a Universidade de Chicago e percebi que gostava do trabalho acadêmico. Era como construir coisas.
> — EDWARD GRAY

Muitos alunos seus, disse Gray, parecem não entender "figuras polímatas" como Franklin. É como se temessem que uma quase desistência, ao estilo de Franklin, indicasse falta de seriedade na carreira e os atrasasse, acrescentou. "Eles veem isso como um resíduo pitoresco de uma era passada. São programados para ser muito obstinados e orientados para a carreira. Estão de olho na faculdade de direito ou de outra profissão. A maioria acha que seu curso de vida deveria ser linear." Segundo Gray, eles estão perdendo os benefícios dos meandros criativos, do carrossel recompensador, da estratégia *não* linear conhecida como quase desistência – o que pode ser uma vantagem, como veremos, tanto no mundo dos negócios quanto da arte.

* * *

Em 1996, com sede na Califórnia, a empresa de sucos que Greg Steltenpohl havia fundado como uma brincadeira com seus amigos seis anos antes se tornara um sucesso monstruoso. Acumulava vendas anuais de quase sessenta milhões de dólares. Até que aconteceu uma catástrofe: o suco de maçã Odwalla, contaminado com *E. coli*, teve implicação no grave adoecimento de dezenas de pessoas, além de uma morte. Dois anos depois, Steltenpohl renunciou à empresa, fortemente afetada, e reavaliou o curso de sua vida.

Alguém poderia pensar que o ramo de bebidas seria sua última escolha. Porém, como o *New York Times* observou no obituário de Steltenpohl, que morreu em 2021, foi exatamente esse o caminho que escolheu. Abriu uma empresa chamada Califia, que vende bebidas não lácteas, como café com leite de aveia. O que o libertou para fazer isso, como disse seu filho, Eli Steltenpohl, ao *Times*, foi o conselho que lhe dera o fundador da Apple, Steve Jobs, ele próprio um lendário quase desistente: "Steve o incentivou a pensar fora da caixa e encarar o momento como uma oportunidade de inovação e pensamento progressista, não uma derrota". Essa não é só mais uma iteração do tão batido mantra que diz para usar o fracasso como um trampolim para o sucesso. É a capacidade de parar e depois retomar, usando os mesmos dons que geraram problemas antes.

A criação de uma segunda empresa no mesmo ramo, como fez Greg Steltenpohl, exigiu que ele quase abandonasse as esperanças que nutria pela fábrica original – o que é semelhante ao que Henry James fez cerca de um século antes, mas com livros, em vez de bebidas.

DESISTIR

Em 1895, James havia publicado romances notáveis como *Daisy Miller* e *Retrato de uma senhora*, mas nutria um desejo fervoroso de ser dramaturgo. Assim, em 5 de janeiro daquele ano, jubiloso, ele percorreu as ruas de Londres até o St. James Theatre para a noite de estreia de sua peça, *Guy Domville*.

Era um drama túrgido, não desses que costumam agradar ao público. Tinha muitos discursos prolixos, cheios de linguagem ostensivamente exaltada. A plateia ficou inquieta. Murmúrios de desencanto ecoavam pela casa lotada. No final de uma longa fala, próximo ao *gran finale* da peça, o protagonista proclamou: "Eu sou o último, meu senhor, dos Domville!". Isso fez um espectador entediado gritar: "Que bom!".

Mas a maior humilhação de James ainda estava por vir. Subindo ao palco para se juntar ao elenco na reabertura da cortina, foi recebido com "zombarias, sibilos e vaias", escreveu Leon Edel em *Henry James*. O ator principal tentou salvar o dia dirigindo-se à multidão: "Só posso dizer que fizemos o nosso melhor". Ao que um patrocinador gritou de volta: "A culpa não é sua, chefe; a peça é um lixo". James, devastado, confidenciou em carta a um amigo que a noite de estreia "foram as horas mais horríveis de minha vida".

Depois disso, o escritor poderia ter aposentado a caneta. Poderia ter fechado as persianas de sua imaginação e nunca mais corrido o risco de uma má reação do público a suas obras. Abandonar de repente o chamado de sua vida seria uma solução drástica, mas, de qualquer maneira, ele teria que fazer *algum* tipo de mudança. Outra noite como a do St. James Theatre o destruiria.

Talvez a mudança pudesse ser menor e mais direcionada: uma quase desistência. Então, James desistiu da dramaturgia, mas não da escrita. Seu foco principal voltou para a ficção, e ele criou muitas das histórias e romances pelos quais é mais conhecido hoje, como *A volta do parafuso* e *A taça de ouro*. Ele escreveria mais algumas peças antes de sua morte, em 1916, mas para nenhuma delas quis uma grande produção como a que havia lhe provocado a vergonha lancinante de *Guy Domville*.

* * *

Naquela manhã de primavera de 1858, Charles Darwin havia acabado de abrir uma carta. Naquele momento, estava se aproximando bem depressa de sua hora da verdade. Estava a meros segundos de distância.

Ele passou mais de duas décadas observando silenciosamente e pensando com paciência – na verdade, fez isso a vida toda, se considerarmos sua paixão pelo estudo de todas as criaturas que encontrava desde menino.

Talvez fosse um pouco paciente *demais*.

Desde seu retorno, duas décadas antes, daquela viagem de navio para coletar espécimes, Darwin ficou meio *empacado*. Passava a maior parte do tempo naquela casa grande e antiga no vilarejo de Downe, a cerca de cinquenta quilômetros a sudeste de Londres, vagando pelo laboratório que montara exatamente como desejava, refém de seu perfeccionismo.

A riqueza que havia herdado lhe permitia sustentar uma grande família e também fazer sua pesquisa científica, sem o incômodo de ter que trabalhar diariamente. Assim criou uma bolha privada de exploração e descoberta. Anotava tudo com rigor, mas não sentia nenhuma urgência especial em publicar seus achados. Tinha recursos financeiros para fazer o que quisesse em seu próprio tempo.

Enquanto abria a carta de um homem que conhecia pouco, mas que sempre respeitara como um colega naturalista, Darwin não tinha noção do cataclismo que se avizinhava. Leu o conteúdo e – *puf!* –, de repente, suas esperanças, ambições e sonhos de renome desapareceram como craca arrancada por uma onda gigante.

O remetente era Alfred Russel Wallace, uma espécie de dublê de Darwin – diferente apenas na riqueza e no tempo disponível para ficar sentado pensando em besouros e águas-vivas. Com base em seu trabalho de campo realizado mais recentemente, na Indonésia e na Malásia, Wallace elaborara um ensaio e o enviava a Darwin, dizia a carta que o acompanhava, na esperança de que o naturalista, mais bem relacionado, pudesse ajudá-lo com a publicação.

O ensaio de Wallace esboçava uma teoria sobre como as espécies se ramificam em diferentes formas. Sobre como a luta pela sobrevivência faria algumas espécies se extinguirem, ao passo que outras evoluiriam. Era, em suma, uma síntese da teoria na qual o próprio Darwin estava trabalhando, mas que ainda não divulgara ao mundo.

Os dois haviam chegado mais ou menos à mesma ideia revolucionária, mais ou menos no mesmo momento. Mas Wallace a escrevera. E, depois de Darwin ler, não podia alegar que ignorava o trabalho de Wallace.

"É mesquinho de minha parte me importar com a prioridade", diria Darwin, perturbado, aos amigos. "Mas toda minha originalidade, seja quanta for, será destruída [...]. Sinto-me bastante prostrado e não posso fazer nada."

Àquela altura, Darwin tinha uma escolha. Poderia redobrar seus hábitos de trabalho que o levaram até ali ou manter seu plano. Poderia demonstrar determinação e não chegar a lugar nenhum ou poderia quase desistir.

Poderia dizer a si mesmo: "Tudo bem, não deu certo como eu esperava. Tenho que fazer algumas coisas – não *tudo*, mas *algumas* coisas – de maneira diferente". Poderia reavaliar, reconhecer onde havia errado.

E assim mudou a maneira de apresentar suas ideias ao mundo. Depois de abrir mão dos "direitos ao trabalho de sua vida" com

JULIA KELLER

certo desapontamento, como disse a biógrafa de Darwin, Janet Browne, ele conseguiu ver a tarefa sob uma nova luz; percebeu que podia haver um caminho indireto para o sucesso, afinal. Ter seu núcleo abalado foi um golpe, mas também o encheu de energia.

É assim que Browne descreve: "Durante muito tempo, Darwin viveu amarrado por ansiedades, sempre circunspecto, externamente convencional e lutando pela completude científica [...]. Agora, todos os impedimentos foram deixados de lado. O fato de ter sido ultrapassado poderia ter destruído um espírito inferior, mas Darwin emergiu, resoluto. Puro aço".

Foi-se o homem tímido e hesitante que não conseguia parar de mexer em sua teoria. "Sempre um trabalhador", escreve Browne, "ele trabalhou mais que nunca. O ensaio de Wallace lhe deu o incentivo de que precisava". Darwin era um homem honrado e, por isso, ajudou Wallace a publicar seu trabalho. Mas também lançou o próprio, enfim publicando *A origem das espécies*. Quase desistir – abandonando a maneira de apresentar sua ideia, não a ideia em si – permitiu que Darwin terminasse o livro que, segundo Browne, não só era um tratado científico, como também "uma obra de arte imperecível".

Pense nisso

Você está inquieto. Quer tentar algo novo. Está no estágio de acordar no meio da noite e ficar escrevendo no notebook; é hora de mudar. Mas você hesita em desistir de tudo. Por que não deixar só *algumas* coisas para lá? A desistência não precisa ser absoluta.

CAPÍTULO 8
Desistir e o caminho para o sucesso no trabalho

A desistência estratégica é o segredo das empresas de sucesso.
SETH GODIN

SUPONHAMOS QUE, EM UM DIA LINDO e ensolarado em Palo Alto, Califórnia, no final de 2014, com pequenas nuvens pontilhando o céu azul como gotas de chantilly, as coisas não saíssem como o esperado.

Suponhamos que Elizabeth Holmes, andando com seu passo tipicamente rápido, preocupada e irascível, entrasse na sede da Theranos, a empresa de tecnologia médica que havia fundado em 2003, e, em vez de acenar para a equipe e logo desaparecer em sua sala – como mandava a rotina –, ela fizesse algo mais.

Suponhamos que ela convocasse uma reunião geral e que dissesse aos funcionários reunidos (além de, em alguns minutos, repetir em uma teleconferência para jornalistas que cobrem o mundo da tecnologia): "A máquina não funciona. Simplesmente não funciona. E não sei como consertá-la. Vou fechar a empresa. Eu desisto".

Não foi isso que ela fez. Ela passou os anos seguintes reforçando alegações a respeito de seu novo dispositivo e o potencial dele de mudar o mundo.

Em 2018, a decisão de desistir ou perseverar foi tirada de suas mãos. A empresa faliu. Holmes e seu principal braço direito enfrentaram acusações federais. E seu sonho de uma máquina revolucionária para fazer exames de sangue, capaz de realizar centenas de exames com uma única picada no dedo – aparelho que ela apelidou de *Edison* em homenagem a seu inventor favorito – fracassou.

Para a maioria das pessoas, o comportamento de Holmes é intrigante: quando ficou claro, anos antes, que o dispositivo era um fracasso, por que ela não desistiu? Por que não aceitou o fracasso, respirou fundo e viveu para lutar outro dia? Por que não desistiu, ponderou e começou outro projeto?

A queda da Theranos se tornou o mau exemplo favorito no mundo dos negócios: uma parábola de advertência sobre os perigos da arrogância e da ganância – e, segundo seus detratores, da trapaça. Mas é outra coisa também: prova principal do que acontece quando a pessoa não larga seu emprego quando deve.

Porque somos todos Elizabeth Holmes.

* * *

Não, nem todos nós usamos gola alta preta ou abandonamos Stanford para fundar empresas que quebram. Mas em um sentido mais amplo, sim, somos Elizabeth Holmes. Todos já sentimos a tentação de ficar em situações das quais não havia mais o que tirar.

Qualquer pessoa que já tenha passado por uma fase difícil no trabalho e tenha tido que decidir entre pedir demissão e ficar é uma potencial Elizabeth Holmes. Seja você o chefe muito bem remunerado ou o funcionário mais mal pago, faça você chips de computador ou cupcakes, seja eletricista ou professor, ou motorista de caminhão ou (que Deus o ajude) escritor, um empresário de destaque ou recepcionista no Olive Garden, quer responda a um conselho de administração ou a uma gestora passivo-agressiva chamada Nadine.

Quando sentimos a necessidade de sair de uma situação que claramente não está dano certo, enfrentamos dois obstáculos gigantescos. Primeiro, o medo. Segundo, a falácia do custo irrecuperável. São os mesmos que Holmes enfrentou – e amarelar foi o que a condenou.

Ao pensar sobre uma decisão importante a se tomar na carreira, talvez você pense que está sozinho em seu escritório (ou em seu chuveiro, que é onde algumas pessoas pensam melhor, entre músicas dos shows da Broadway), mas não está. O medo está sempre presente. Sabendo que deve desistir, talvez você fique preocupado, hesitante, fique adiando e inventando desculpas. Isso não significa que você é um covarde; é apenas o reflexo daquilo que lhe ensinaram. Você está canalizando a duvidosa sabedoria de Samuel Smiles. Lembra dele? O Sr. Autoajuda, o cavalheiro vitoriano bem-intencionado, mas mal orientado, que recomendava uma devoção feroz, inabalável e vitalícia a um único objetivo.

Se você fabrica chicotes, atenha-se aos chicotes, aconselhava Smiles. Se quebra pedras para viver, então é melhor *continuar* quebrando pedras para viver, caramba! Não me venha com essa bobagem de largar a pedreira para cuidar de uma fazenda de vacas leiteiras ou criar galinhas. Mudar de curso é para os fracos. Desistir é para perdedores.

Escondido por trás dessa ideia de perseverança obstinada está o medo de que, se largar seu emprego atual, acabe arruinado. E se largar o próximo também? E o seguinte? Como vai saber o momento certo de desistir? Desistir é um risco. Largar um emprego menos que perfeito e procurar um melhor requer fé no desconhecido, crença de que você encontrará o emprego ideal. Mas, primeiro, é preciso reconhecer e derrotar o medo; confiar que, da confusão e obscuridade da vida, emergirá um caminho claro e brilhante.

"Não era isso o que eu almejava, nem foi por esse objetivo que batalhei tanto", é como a âncora e escritora da MSNBC Rachel Maddow descreveu sua trajetória de carreira para um entrevistador, em 2020. "Tropecei mais vezes do que você imagina [...], mas, agora que cheguei aqui, valorizo tudo."

Posso ouvir você murmurando: *Não sou uma pessoa brilhante e superarticulada, não tenho talento para ganhar milhões de dólares por ano apresentando o noticiário.* Assim como você murmurou antes, quando falávamos da carreira de Holmes: *Não sou um visionário carismático com inúmeros contatos no mundo do capital de risco do Vale do Silício.* É verdade, não é. E nem eu. Mas, quando se trata do medo de desistir, somos todos irmãos. Desistir requer um salto de imaginação no vazio assustador rotulado como: "Pode ser que dê certo, pode ser que não, mas tenho que tentar".

Quem sabe o que teria acontecido se Holmes houvesse desistido antes, quando ficou evidente para ela e para todos que a Edison seria fatalmente um fracasso? Ou se Maddow houvesse ficado em um daqueles primeiros empregos não muito certos enquanto trilhava seu trajeto sinuoso para o caminho certo, em vez de se demitir e seguir em outra direção? Para as duas, desistir ou não marcou um momento crucial na vida, o ponto de partida para o futuro. Uma não desistiu quando deveria; a outra desistia até encontrar o que melhor lhe servisse.

É verdade: não é fácil confiar que coisas boas virão depois de desistir. Absorvemos bem a mensagem de Smiles, que alerta para consequências terríveis se desistirmos no meio do curso atual; que insiste que a perseverança é o único caminho correto. Se desistirmos, seremos culpados por qualquer coisa ruim que nos aconteça. Seis palavras que ninguém gosta de ouvir: *você causou isso a si mesmo.*

O medo é um fato, uma resposta racional a um futuro desconhecido. Largar um emprego significa uma perda temporária de renda, bem como do sentimento de pertencimento, porque nosso emprego acaba se tornando uma grande parte de nossa identidade. (Falaremos sobre o pertencimento no Capítulo 11.)

Abandonar uma empresa própria significa dizer adeus a um sonho. Porém, no fundo, o medo que nos impede de desistir quando deveríamos não tem a ver com dinheiro, camaradagem, status ou ambição, e sim com a crença em um amanhã melhor – e com a dificuldade de manter essa crença em face de quebras e erros idiotas. A única maneira de vencer o medo é cultivar o otimismo, mas não o otimismo utópico, e sim o sensato, direto e merecido, do tipo que precisa da desistência para se inflamar.

Se não acredita em mim, talvez acredite em Betsy Stevenson. Membro do conselho de assessores econômicos do presidente Obama e agora professora de políticas públicas e economia na Universidade de Michigan, ela disse isso no podcast *The Ezra Klein Show* em 2021, quando um número recorde de pessoas largou o emprego:

"Lembro que, na recessão de 2008, eu analisava os dados de demissão e pensava: 'Vamos lá, pessoal, larguem o emprego, porque isso significa otimismo' [...]. Portanto, não tenha pressa. Largue seu emprego e encontre algo melhor. Encontre o que for certo para você."

Lucinda Hahn, editora e escritora, concordaria. Porque a pena por *não* se demitir, por deixar que o medo nos mantenha em um emprego que não atende às nossas necessidades, pode ser maior do que você imagina, adverte.

* * *

Três anos atrás, Hahn trabalhava em uma editora na Carolina do Norte quando uma mudança na administração a deixou em uma situação vulnerável. "Comecei a ser ignorada. Era uma coisa atrás da outra. Eles não queriam me demitir. Eu era uma funcionária valiosa e ganhava muito bem; havia ganhado um aumento de 30% e uma promoção no ano anterior." Mas ela estava entediada com o trabalho e as limitações.

"Você tem vontade de dizer: 'Foda-se, vou embora'. Mas não diz. E, quando está sendo maltratada e não se defende, paga o preço."

Hahn me contou que ficou surpresa por não conseguir fazer o que sempre havia feito: pedir demissão e procurar o emprego certo. A capacidade de minimizar as perdas e seguir em frente havia se tornado seu mecanismo de sobrevivência, disse ela, desenvolvido após uma experiência difícil durante a época na Universidade de Northwestern, onde jogara tênis e softbol. "Minha identidade estava ligada ao fato de eu ser atleta. Machuquei o joelho muitas vezes. Em dado momento, eu sabia que tinha que parar de praticar esportes, mas não queria; até que machuquei o joelho de uma maneira catastrófica."

Momento bandeira branca

Eu estava trabalhando em Praga havia uns seis meses, onde uma amiga também trabalhava. Lembro quando me disse que ia embora. Eu fiquei chocada: "Ninguém faz isso! Está dizendo que você pode só pedir demissão?". Fiquei pensando nisso umas duas semanas e, depois, pedi demissão também. Fiquei grata a ela por plantar essa semente em mim. Foi o alívio de um peso, como a abertura de uma cortina. Foi um momento muito poderoso.

— LUCINDA HAHN

Ela poderia ter evitado muitos danos nos ligamentos, comentou Hahn, se houvesse desistido dos esportes competitivos antes; mas estes eram mais que um passatempo para ela. Era sua identidade. "Fiquei triste quando tive que parar de jogar. Liguei para minha mãe chorando e disse: 'Não tenho nada para oferecer a ninguém'. Eu precisava de algo para preencher aquele buraco que se formou quando parei de jogar."

DESISTIR

Depois da faculdade, ela começou a trabalhar em si mesma, determinada a aprender uma maneira diferente de estar no mundo. Queria tomar decisões com base em seus desejos, não nas expectativas dos outros. Queria ser julgada pelo tipo de pessoa que era, não por suas realizações, nem por seu salário ou cargo. Durante o percurso, ela seguiu seu coração; largou empregos quando não a desafiavam mais ou quando as condições de trabalho se tornavam insustentáveis.

Por isso, ficou perplexa diante da situação em que se encontrava na Carolina do Norte: presa em um trabalho que a deixava infeliz, que não explorava mais seus talentos nem alimentava sua alma. Ela compreendia os benefícios da desistência estratégica, já a vira funcionar várias vezes em sua própria vida e na de amigos. Então, por que não conseguia dessa vez?

Uma súbita onda de medo, disse ela, a fez esquecer a primeira lição da vida: "Desistir pode ser incrivelmente libertador". Assim que reconheceu que era o medo que a segurava, ela redescobriu sua coragem. Dar nome ao medo a ajudou a vencê-lo. Ela negociou bons direitos ao se demitir, vendeu sua casa e se mudou para uma cidade pequena no norte de Michigan, onde logo encontrou um excelente emprego remoto e uma vida que ama.

* * *

Outro fator que nos impede de largar um emprego quando deveríamos é o conceito infame conhecido como a falácia do custo irrecuperável. Podemos não ter fundado uma empresa que vale nove bilhões de dólares (como a Theranos no auge), mas sabemos o que é aplicar tempo, dinheiro, esforço e esperança em um empreendimento importante para nós. Relutamos a desistir, mesmo quando está claro que é o que precisamos fazer. Prosseguimos mesmo quando fica claro que devemos parar, porque ficamos tentando resgatar o tempo, o dinheiro e a energia emocional

160

que já investimos. Mas a parte que colocamos já foi, é irrecuperável. Sabemos que *devemos* desistir, mas parece um desperdício de recursos, bem como uma derrota. Então, aguentamos por muito tempo, e pelas razões erradas.

Holmes, como cada um de nós, certamente tem pecadilhos psíquicos particulares que influenciam suas ações, e corremos o risco de cair em simplificações excessivas quando fazemos o *post mortem* de carreiras falidas. Mas em linhas gerais: se ela houvesse agido mais como o homônimo de seu dispositivo, poderia ter embarcado em outra startup. E esta poderia ter sido bem-sucedida. Quando ficou óbvio para o pessoal interno que a Edison (a máquina) não funcionava, Holmes poderia ter seguido o exemplo de Edison (o ser humano): desistir, recalibrar. Essa é uma opção disponível para todos nós, sejamos funcionários ou empresários.

Como acabar com a falácia do custo irrecuperável? Canalizando seu Edison interior. Porque esse homem era virtuoso na desistência.

* * *

Tentativa e erro – abandonar caminhos infrutíferos para liberar tempo, dinheiro e coragem para encontrar um mais promissor – eram sua especialidade. Se Edison pudesse patentear a desistência como uma metodologia, certamente o faria. Ele entendia como ela é valiosa para o sucesso final. Quando algo não funciona, você para. E vai buscar fazer algo que funcione.

O estranho talento de Edison para desistir é refletido em sua longa busca por uma planta nativa dos Estados Unidos que pudesse produzir borracha – um projeto que o deixou obcecado desde os anos anteriores à Primeira Guerra Mundial até sua morte, em 1931. Essa busca constituiu a última grande aventura de sua vida, de acordo com o biógrafo Edmund Morris. A borracha era uma mercadoria importante; ganhou guerras e, em tempos de paz, poderia construir ou destruir economias. Muitos historiadores comparam a borracha no início do século 20 com o lugar que o petróleo ocupa no mundo de hoje – era essencial, e nunca parecia haver o suficiente disponível em lugares acessíveis.

Esse era justamente o tipo de desafio que faria Edison pular de sua cadeira, jogar fora um charuto mastigado e correr para a oficina. Em vez de depender da seiva de árvores que cresciam em lugares como a América do Sul e o sudeste da Ásia, ele sonhava em produzir borracha em seus próprios laboratórios, usando plantas encontradas nos Estados Unidos. A odisseia exigiu o tipo de desistência mecânica que definiu as realizações mais importantes de Edison.

De todas as plantas que encontrava – asclepias, dentes-de--leão, solidagos, oleandros, madressilvas, figueiras, guaiúle e mais de dezessete mil outras – ele extraía a seiva e tentava vulcanizá-la. "Ele era incapaz de passar por um canteiro de plantas em Nova Jersey sem sair em busca de variedades leitosas", escreveu Morris. Várias vezes Edison julgou ter encontrado a planta certa. Depois de alguns resultados promissores, ele escrevia PHENO-MENON em suas anotações – em letras maiúsculas –, mas logo outros experimentos se mostravam decepcionantes. Ele desistia e passava para o próximo.

Se ficasse preso ao potencial de uma única planta – o dente-de--leão, digamos – e se recusasse a desistir, todo orgulhoso por não ser um desistente, teria perdido tempo e esforço. Desistir era sua medida de sucesso, não de fracasso. Para Edison, desistir era marchar para frente, não cambalear para trás.

Mesmo sem ter conseguido – a borracha sintética foi desenvolvida por outros, após sua morte –, o que importa é como ele cumpriu sua missão. É um modelo que qualquer um de nós pode seguir. Podemos não ser gênios, mas podemos aprender a fazer a desistência funcionar para nós.

> **Momento bandeira branca**
> Meu sogro se cansou de lecionar. Ele e a esposa sempre amaram a Califórnia, então, ele nos ligou e disse: "Pedi demissão". Ficamos em choque. "Estou mexendo com afinação de pianos. Vamos encontrar um lugar onde 'Ballenger' seja listado o primeiro afinador de piano nas páginas amarelas". Eles venderam tudo e saíram de Iowa. Tudo que levaram foi um caminhão da U-Haul e dois cachorros.
> — CATHY BALLENGER

Usando a frase que ficou famosa por Sheryl Sandberg, ex-executiva do Facebook, Edison se entregou à desistência de coração. Cultivou técnicas de desistência em série. Entendia que a verdadeira perseverança não é não desistir, e sim desistir de maneira estratégica, inteligente, com gosto e estilo. É questão de suportar os trancos e barrancos, os altos e baixos que ocorrem em qualquer busca que valha a pena.

Assim como os negócios, a ciência "não é uma progressão direta", diz Guy Dove. "Sua história é confusa e, às vezes, catastrófica." Visto do poleiro primitivo do presente, o caminho para os avanços científicos e técnicos pode parecer um trajeto suave e fácil, sempre para cima, no qual cada erro faz parte do plano, cada desastre é apenas uma prova a mais de que estamos indo na direção certa.

Claro que não é assim que acontece, mas é assim que parece depois dos fatos.

Dove, professor de filosofia da Universidade de Louisville, ministrou um curso na Biblioteca Pública de Louisville, na primavera de 2022, sobre como o fracasso e a desistência acabam impulsionando o progresso científico. Mas, enquanto o processo não chega ao fim, não é fácil para ninguém viver no meio do caos e da incerteza de um novo empreendimento.

"Nos perfis de Elon Musk ou Steve Jobs – ou daquele a quem estejamos admirando no momento –, vemos: 'Veja todos esses fracassos que levaram ao sucesso'. Mas precisamos ter muito cuidado com isso", disse Dove. "Não só para desmistificar o fracasso como para entender que ele é muito arbitrário."

"Há um novo modelo nas faculdades de administração agora: a ideia de 'fracassar no caminho para o sucesso'. Isso virou um tropo: ver o fracasso como uma maneira de alcançar o sucesso. Eu suspeito disso, porque pode ser enganoso."

Quando ficar nervoso por decisões questionáveis que tomou sobre sua carreira, lembre-se de que, quando as tomou, não sabia o que o futuro lhe reservava. Você fez o melhor que pôde com as informações que tinha. No futuro, tenha certeza de que, ao tomar essas decisões, desistir seja sempre uma opção.

* * *

"Em minha opinião, não desistimos o suficiente", declara John A. List. "A sociedade nos ensinou que desistir é ruim. 'Desistir' é um termo repugnante. Mas desistir é como mudar de tática no meio do jogo no futebol americano. Quarterbacks da NFL são glorificados porque desistiram de uma jogada ruim e, ao fazer isso, colocaram seu time em uma posição melhor para vencer."

> ### Momento bandeira branca
> Até o final daquele fim de semana [...] me reconciliei com o fato de que não importava quanto eu gostasse de golfe e o praticasse, tampouco importava o que ele simbolizasse para mim: eu nunca seria bom o bastante para chegar ao PGA Tour, nem mesmo perto [...]. Então decidi que era hora de desistir do meu sonho.
> — JOHN A. LIST

List, professor de economia da Universidade de Chicago e ex-economista-chefe da Uber e da Lyft, dedica um capítulo de seu último livro, *The Voltage Effect: How To Make Good Ideas Great and Great Ideas Scale*, aos aspectos positivos da desistência. Em "Desistir é para vencedores", ele argumenta que "ser bom em desistir é um dos segredos para crescer com sucesso" e acrescenta que as empresas "devem estar dispostas a desistir de uma ideia que não está indo a lugar nenhum para liberar tempo e recursos para investir em outras direções, onde possa surgir um grande avanço". Outro nome para isso é custo de oportunidade.

Parte do problema, como me disse List, é o jargão: "Quando as pessoas ouvem a palavra 'desistir', pensam que vão pedir demissão e ficar na cama o dia todo. Por isso a palavra 'guinada' é boa. 'Dar uma guinada' é mudar de direção. Não é só desistir (de um caminho), mas também começar (um novo)".

Seja você funcionário ou dono da empresa, a possibilidade de desistir precisa ser considerada quando as coisas começam a dar errado. Caso contrário, a empresa pode acabar como uma Theranos ou uma WeWork, cujos destinos suscitaram a pergunta: quando os problemas começaram a se acumular, por que não desistiram e tentaram outra coisa?

Com seu charme e habilidade para vendas, o fundador da WeWork, Adam Neumann, conseguiu manter uma ideia ruim por muito tempo, de acordo com Eliot Brown e Maureen Farrell, autores de *The Cult of We: WeWork, Adam Neumann, and the Great Startup Delusion*: "Ele fez todo mundo ver o futuro que ele via [...]. Era, no fundo, um truque de mágica", escreveram. E, então, o truque parou de funcionar. Em 2015, a WeWork estava perdendo um milhão de dólares por dia. Sua queda foi dramatizada na minissérie do Apple TV+, em 2022, *WeCrashed*. (O desastre da Theranos também virou série de televisão: *The Dropout*, que estreou no mesmo ano no Hulu. Como fonte de entretenimento, parece que não cansamos de ver esses Ícaros do mundo dos negócios despencar no chão.)

Holmes e Neumann têm egos fortes. Preocupam-se muito com como são vistos pelos outros, desde os investidores até os funcionários. No entanto, uma das principais razões de sua queda – e dos tropeços de quem não desiste quando é prudente fazê-lo – pode ser encontrada em uma preocupação excessiva com como são vistos por si mesmos.

A autoimagem pode ser uma barreira significativa para a desistência estratégica, segundo Adam Grant, professor da Wharton School da Universidade da Pensilvânia e autor de muitos *best-sellers* de negócios. Assim como pode impedir um CEO de agir com rapidez para evitar um desastre, pode manter as pessoas amarradas a empregos insatisfatórios em lugares desagradáveis.

"Já ouvi isso inúmeras vezes de meus alunos na Wharton", contou-me Grant. "Eles evitam largar chefes abusivos, culturas tóxicas e carreiras equivocadas devido ao medo de desistir. Não é só a imagem, é também a identidade. Sim, eles têm medo de ser vistos como desistentes, mas também de se ver como desistentes. Não querem se olhar no espelho e ver um desistente."

Com essa mentalidade, não é de admirar que tanta gente acredite que não pode desistir. Desistir significa que não prosperamos no mundo dos negócios. Decepcionamos todo mundo, a começar por nós mesmos. Só esquecemos que desistir é um instinto de sobrevivência, que nosso cérebro está programado para isso e que temos a capacidade de sobrescrever as narrativas culturais que dão um enganoso brilho de moralidade ao tema. (Obrigada por nada, Samuel Smiles.) Desistir continua sendo a opção nuclear – o que é uma pena, porque, quando usada com estratégia, a desistência pode reiniciar uma carreira estagnada ou propagar um novo negócio.

Quando os clientes a procuram, contou-me Ruth Sternberg, muitas vezes têm medo de colocar a desistência em sua lista de opções. Conselheira de carreira com sede em Rochester, Nova York, ela é especialista em ajudar pessoas a encontrar confiança para mudar de área ou abrir um negócio próprio, ainda mais porque podem estar indo bem onde estão – não ótimo, mas bem. Elas ficam apreensivas, com medo de perder o tempo de experiência que acumularam na carreira que já têm.

"É uma luta imensa", disse ela. "Sinto nelas o medo do fracasso. Elas não dizem isso em voz alta, mas é perceptível."

> **Momento bandeira branca**
> Um monte de coisas começou a se acumular no jornal. Pensei: "Se eu tiver que sair mais uma vez em um dia frio de inverno, encontrar um monte de gente andando de trenó e entrevistá-los, vou gritar". Então, comecei a pensar. Fiquei sentada no carro; fingi que tinha uma empresa e a descrevia para outra pessoa.
> – RUTH STERNBERG

Sternberg conhece a sensação. Esgotada depois de muitos anos trabalhando com jornalismo e publicação no Centro-Oeste, ela estava determinada a sair e abrir uma empresa em uma área diferente, desenvolver novas habilidades. Mas fazer uma mudança radical significava alterar a maneira como se via. E isso, recorda, foi mais assustador que qualquer outro aspecto de sua metamorfose pessoal de funcionária para proprietária de uma pequena empresa.

Muitas vezes nos dizem que grandes mudanças só são possíveis se você estiver na casa dos vinte, trinta anos, como se houvesse uma data de validade para os sonhos. Sternberg rejeita isso. Para as pessoas que querem largar o emprego e tentar outra coisa, mas ficam apreensivas porque não é como se houvessem acabado de terminar a faculdade, ela tem o seguinte conselho: faça uma avaliação realista de seu valor para um potencial empregador. Seu valor no mercado é encontrado não só na quantidade de experiência relevante em uma área específica, mas também na capacidade de forjar conexões em *qualquer* área, na flexibilidade, em uma mentalidade dinâmica. "O que conta não é seu currículo", disse-me. "São seus relacionamentos."

Nem todo mundo quer largar o emprego e ser um empreendedor. Mas quem quer está com sorte, diz Sternberg: "Agora, é muito mais aceitável abrir uma empresa própria. Eu digo a meus clientes para observar gente que está inventando coisas novas e interessantes. As pessoas se adaptam, sempre. É assim que o mundo progride".

Mas não é fácil transcender os truísmos que internalizamos sobre as desvantagens de desistir. Como List escreve em *The Voltage Effect: How to Make Good Ideas Great and Great Ideas Scale:* "Escolher a dor intensa, mas breve, de desistir agora, em lugar da dor prolongada do fracasso, mais tarde, é uma habilidade que indivíduos e empresas devem cultivar".

"Você deve desistir", acrescenta, "para se dar outra chance de vencer".

* * *

Jack Zimmerman pode atestar isso. Pode lhe informar sobre a surpreendente utilidade da desistência e ficará feliz, porque ele é um contador de histórias extraordinário.

E é muitas outras coisas também. É músico, fotógrafo, um pai atencioso, um avô amoroso e um marido adorável. É um apreciador de bicicletas e ópera. A única coisa que ele definitivamente *não é* é um homem de negócios.

Ele tentou ser, mas desistiu.

Imagine Zimmerman como o anti-Holmes. Ele percebeu que não poderia continuar fazendo a coisa errada só por temer que alguém o chamasse de desistente. É verdade que ele não tinha uma sede elegante em Palo Alto, nem um conselho administrativo de alto nível, nem repórteres do *Wall Street Journal* farejando seu escritório e fazendo perguntas desagradáveis sobre seu balanço. Mas, mesmo assim, no começo foi difícil dizer "eu desisto" e não se ouvir pensando "sou um vagabundo".

"Agora, não me arrependo de nenhuma desistência", disse Zimmerman, que mora em um arranha-céu no centro de Chicago com sua esposa, Charlene. "E foram muitas! Inicialmente, queria tocar trombone em uma orquestra. Não queria isso como hobby, queria como *profissão*. Mas, em termos de talento, eu não estava preparado para isso." Ele abandonou essa ambição e ficou feliz: "Eu teria uma vida miserável participando de audições e não passando em nenhuma".

A seguir, segundo me contou, ele abriu uma loja de pianos no subúrbio de Chicago, atuando paralelamente como afinador do instrumento. Durante quinze anos, tentou fazer que isso desse certo, mas ele não nasceu para empreender.

Momento bandeira branca

Eu estava muito infeliz, trabalhando sozinho na maioria dos dias. Sou uma pessoa sociável; ficar sozinho em uma sala com um piano não me agradava. Eu precisava sair, precisava respirar. Então, coloquei a loja à venda.
— JACK ZIMMERMANN

Foi um dos pontos mais baixos de sua vida. "Fracassar como empreendedor dói. É como um divórcio."

Felizmente, ele nunca teve que se preocupar com um divórcio real, só com o metafórico. A esposa, agora aposentada depois de uma carreira de três décadas como principal clarinetista na Lyric Opera de Chicago, "foi incrivelmente solidária. Ela foi maravilhosa".

Depois de abandonar o empreendedorismo, ele voltou à sua primeira paixão: contar histórias. Imagine David Sedaris com sotaque de Chicago e terá uma ideia da habilidade narrativa de Zimmerman, de seu humor e sua visão do lado atraente da vida ao contar histórias antigas da cidade – o mundo dos encanadores e políticos em ascensão –, o que ele faz em shows presenciais e no YouTube. Foi colunista de revistas e jornais e trabalhou como relações públicas em vários eventos musicais na área de Chicago.

Arrependimentos? Não.

"Já vi pessoas muito infelizes que *não* desistem", disse ele. "Passam a vida se debatendo. Eu estou feliz por ter dado o próximo passo."

* * *

Era uma noite fria de outono em Bexley, Ohio, quando me encontrei com Leslie e Mike Mautz pela primeira vez. Mas o frio não teve chance contra Leslie.

Cerca de vinte segundos depois de minha chegada, ela acendeu a lareira da sala de jantar e, quando nos acomodamos para conversar, tudo já estava quente, confortável e acolhedor – por acaso, esse é o tipo de atmosfera que se deseja tanto em uma cama quanto no café da manhã.

Perguntei a Leslie e Mike – que se juntou a nós alguns minutos depois, acompanhado pelo cãozinho bem-comportado que haviam resgatado, Cole – como conseguiram largar seus empregos, suas zonas de conforto e (como disseram alguns amigos na época) seu controle sobre a sanidade para aplicar tempo, energia e uma parte considerável das economias em um negócio sobre o qual eles sabiam, em números redondos, quase zero.

> **Momento bandeira branca**
> Largar o Joie de Vivre não foi fácil, pois ele definia não só minha identidade profissional como também a pessoal. Mas, às vezes, é preciso uma intervenção divina – tive uma experiência de quase morte por ser alérgico a um antibiótico – ou amigos que nos ajudem a ver o que não estamos dispostos a enxergar.
> – CHIP CONLEY, fundador da rede de hotéis Joie de Vivre

Antes mesmo de abrir as portas pela primeira vez em 2013, os custos da reforma da venerável estrutura chegaram ao triplo do que havia sido orçado. A inesperada necessidade de trocar todo o encanamento e as instalações elétricas – além de mais de 3.300 metros quadrados de drywall novo – explodiu as estimativas iniciais.

"Às vezes", disse Mike com tristeza, "é melhor ir às cegas".

Mesmo assim, deu tudo certo. O Bexley Bed & Breakfast é um lugar bonito, um edifício de tijolos em meio à elegância tranquila de Bexley, um subúrbio de Columbus conhecido por suas grandes casas antigas adornadas com telhados de ardósia e vitrais.

Eu adoraria poder dizer: "Pare por lá, diga olá aos Mautzs e passe a noite na pousada". Mas não posso. No momento em que você estiver lendo isto, os Mautzs já terão passado para sua próxima aventura. Já estavam perto disso naquela noite de outono.

Eu os encontrei prontos para mais um salto. Haviam vendido recentemente a empresa para uma faculdade pequena da região. A experiência deles nos dá outra lição valiosa sobre a desistência.

DESISTIR

Assim como as oportunidades de *abrir* novos negócios e começar em empregos novos estão em toda parte, também estão as oportunidades de abandoná-los. E talvez começar outro. Ou talvez não.

Nem todos os finais são trágicos. Às vezes, são apenas estações a caminho de outro lugar – um lugar melhor, ou pior, porque tudo está sempre mudando. Mas uma coisa é indiscutível: será um lugar diferente.

* * *

Desistir nem sempre é uma decisão que se toma voluntariamente. Às vezes, é imposta. Você desiste porque precisa, não porque quer. Mesmo assim, existem maneiras de transformar até mesmo essa contingência – desistir quando se está encurralado – em algo positivo, em um trampolim para o próximo salto à frente.

Na noite de 9 de dezembro de 1914, logo após o pôr do sol, um estoque de nitrato armazenado em um pequeno edifício no terreno do complexo de laboratórios de Edison, em Nova Jersey, pegou fogo. As chamas se espalharam depressa, devorando treze prédios, enquanto ele e outros observavam de um ponto alto ali perto.

Ninguém ficou ferido no incêndio, mas os danos foram substanciais: foram destruídos matérias-primas e protótipos, além de grande parte da elaborada infraestrutura que permitiu ao inventor mais famoso dos Estados Unidos produzir uma nova invenção a cada onze dias durante quarenta anos.

"Estou bastante esgotado", anunciou Edison em uma declaração preparada para os repórteres que apareceram na manhã seguinte a fim de ver como ele reagiria a esse revés, "mas amanhã haverá uma mobilização rápida, assim que eu descobrir em que ponto estou". Ele se recuperou da adversidade, como era seu costume. E fez o que sempre fazia, que era usar a desistência como inspiração.

Edison nunca inventou uma máquina do tempo, mas, se houvesse inventado e usado para se catapultar para o século 21, imagino que teria entrado em contato com Holmes logo após o dispositivo dela fracassar nos testes iniciais – um desastre que constituiu outro tipo de incêndio, de queima lenta, mas, no fim das contas, igualmente daninho.

Você pode imaginar o que o velho diria a ela: "Pare o que está fazendo agora, mocinha, e encontre outra maneira de fazer essa máquina executar o que afirma que ela é capaz. Se não encontrar outra maneira, desista. E invente outra coisa. A propósito, não coloque meu nome nessa geringonça até que ela *funcione*". Desistir não era fracasso na cartilha de Edison; era o primeiro passo para o sucesso.

Na colina, naquela noite, cercado por funcionários ansiosos e familiares atordoados, observando as chamas saltando e brilhando, Edison foi abordado por um funcionário devastado, que chamou o incêndio, com voz trêmula, de "uma catástrofe terrível".

O funcionário não entendia seu chefe. Edison pensava que o charme e o desafio da vida estariam no que faria *depois* de ser forçado a desistir. Traçou planos para procurar nas ruínas fumegantes algo – qualquer coisa – para servir de base para a nova construção, começando logo na manhã seguinte. Mas, nesse meio-tempo, curtiu o espetáculo.

A resposta alegre de Edison a seu sombrio subordinado foi: "Sim, Maxwell, uma grande fortuna foi incendiada esta noite, mas não é uma bela visão?".

Pense nisso

Você está desanimado, frustrado. Seu trabalho não está indo como esperava. Ou talvez tenha aberto uma empresa e fracassou. É hora de canalizar seu Edison Interior. Não seja vítima do medo ou da falácia do custo irrecuperável, nem da falta de atenção ao custo de oportunidade. Desistir não é o fim. Pode ser o início do sucesso.

CAPÍTULO 9
A culpa do desistente: e se eu decepcionar as pessoas que amo?

Espero que você viva uma vida da qual se orgulhe e, se achar que não é assim, espero que tenha forças para começar tudo de novo.
ERIC ROTH

STEPHANY ROSE SPAULDING adiara o máximo possível, mas, em um momento de crise, tinha que dizer a seu pai que decidira desistir.

Eles estavam dentro do carro, em um estacionamento, contou-me, depois de terem feito algo juntos. Spaulding estava visitando os pais no sul de Chicago. Havia ido de carro de Lafayette, Indiana, onde fazia doutorado na Universidade de Purdue.

"Ninguém de minha família é Ph.D.", contou-me Spaulding, explicando por que o risco era tão alto. A mãe e o pai, ambos professores de escolas públicas, ficaram emocionados quando ela entrou na pós-graduação, orgulhosos da filha e suas ambições.

Mas havia um problema que eles não conheciam, porque ela nunca o revelara – não queria que eles se preocupassem com ela. Porém, quatro anos depois, ela havia chegado a um momento crítico. Estava péssima. Era uma das poucas alunas negras do departamento e se sentia marginalizada e desrespeitada. Definitivamente, deslocada.

"Era uma tensão muito grande", contou. "O nível de racismo em Purdue... West Lafayette foi um dos lugares mais tóxicos em que já morei. Era um peso enorme."

Ela decidiu largar o curso. Porém como poderia dar a notícia aos pais – especialmente ao pai, que acreditava que o Todo-Poderoso a havia destinado a uma carreira acadêmica?

* * *

Você faz parte de vários mundos. É filho de seus pais, mas pai de seus filhos. Talvez também esteja cercado por irmãos, parceiros, amigos íntimos, vizinhos, membros distantes da família, além de chefes e colegas. É maravilhoso ter pessoas que gostam de nós e alimentam grandes expectativas a nosso respeito. Essas expectativas podem nos guiar, inspirar e apoiar quando tropeçamos.

Mas, quando se enfrenta a decisão de desistir – de um emprego, curso, relacionamento –, ter esses vínculos exige que se leve em consideração mais que sua própria visão. Se outras pessoas acharem que algo não é uma boa ideia para você, as mesmas forças benevolentes que o mantêm em movimento podem funcionar de maneira oposta: exercer uma pressão a mais e que talvez vá contra sua percepção do que é certo para você. Porque nenhum de nós quer decepcionar as pessoas que ama, que nos conhecem bem; pessoas cujos sonhos que acalentaram para nós foram uma estrela-guia ao longo de nossa vida.

Quando Spaulding disse ao pai, naquele carro, que havia decidido abandonar a Purdue, ele ficou chateado. Ela me contou: "Ele começou a gritar comigo: 'Deus mandou você para lá! Você vai se afastar de Deus?'".

Ela lhe contou o que estava passando: "Quase todos os dias, tenho pensamentos suicidas. Vi outros alunos negros da pós-graduação tendo colapsos nervosos. Entre eles, uma grande amiga. Estava tão mal que não conseguia manter a mão firme para segurar a xícara de café".

Seu pai se acalmou e a ouviu. E se desculpou por ser duro. E ela também o ouviu. Ele sugeriu que ela tentasse achar uma maneira de fazer dar certo e se ofereceu para discutir estratégias. E oraram juntos.

"Eu estava vivendo sob muita tensão", lembrou ela. "Devo continuar ou mudar, fazer o que for necessário para chegar ao próximo nível da vida?"

> ### M.omento bandeira branca
> Fiquei arrasada. Minha banca de TCC havia acabado de rejeitar minha segunda proposta [...]. Conversei com um dos integrantes em seu apartamento. Era um dos meus professores favoritos. "Não sei como vou terminar esse curso". Ele disse: "Você já fez o curso, Stephany. O TCC é só um exercício. Faça o maldito exercício". Lembro que o apartamento dele estava escuro. O sol estava se pondo. Eu pensei: "Estou sentada aqui sem qualquer ideia". Ele disse: "Faça o que os brancos querem que você faça". Eu teria que encontrar uma maneira de fazer isso e sobreviver! Naquele momento, eu soube que sairia de Lafayette.
> – STEPHANY ROSE SPAULDING

Desde criança, ela pensava muito sobre como queria usar seus dons. "Quando era jovem, imaginava que seria advogada", contou-me Spaulding, e acrescentou, rindo: "Eu era apaixonada por Claire Huxtable do *The Cosby Show*. Pensava em voltar para o leste, morar em uma casa de arenito vermelho, ter uma vida de classe média, com poetas e músicos entrando e saindo da vida de meus filhos". Depois do segundo ano na faculdade, uma de suas professoras lhe perguntou se ela já havia pensado em seguir carreira acadêmica. "Foi muito perturbador para mim. Fiquei em choque. 'Pretos não fazem isso', pensei."

"Então a professora disse: 'Você tem um talento especial. E eles vão pagar para você fazer o curso'." Spaulding riu de novo. "Eu disse: 'Você deveria ter me dito isso primeiro!'." Mas a pós-graduação não foi o cenário dos sonhos que ela havia imaginado. Suas dúvidas só cresciam, até que enfim lá estava ela, sentada no carro com o pai, angustiada e insegura. Ela sabia o que seus pais queriam que fizesse, mas o que *ela* queria? Deveria desistir, o que lhe parecia o melhor caminho naquelas circunstâncias, ou tentar continuar, com a bênção da família?

Spaulding acabou ficando no curso de Ph.D., mas decidiu sair de West Lafayette. Alugou um apartamento em Chicago e escreveu seu TCC lá, voltando ao campus quando necessário, mas passando a maior parte do tempo em sua nova casa, curtindo a vida em uma cidade maior e mais diversa.

"Meus conselheiros ficaram horrorizados", contou ela. "Eles tinham certeza de que eu nunca terminaria meu TCC longe de lá." Mas eles não a conheciam, nem à sua determinação.

Ela terminou o TCC, formou-se e, depois de vários empregos como professora, tornou-se chanceler interina de diversidade, equidade e inclusão na Universidade do Colorado, em Colorado Springs, enquanto também lecionava no departamento de estudos femininos e étnicos.

Ela nunca esquecerá o dia em que ficou naquele estacionamento, ao lado do pai, tentando decidir o que era certo para sua vida. Tinha que tomar a decisão sozinha, mas, independentemente dos resultados, sabia que nunca estaria só.

* * *

Em poucos lugares os julgamentos sobre a desistência são tão rígidos e inequívocos quanto no mundo dos esportes.

DESISTIR

Quem desiste é um covarde; quem continua lutando é vencedor. Para muitas pessoas, de fato, a palavra "desistente" evoca a imagem de alguém se arrastando por um campo, derrotado, sem capacete, de ombros caídos. Ou apenas não aparecendo no treino seguinte. Desistir parece algo tão decisivo quanto a pontuação final do placar.

Devagar com o andor, diz a Dra. Kristen Dieffenbach: "Há uma diferença entre escolher parar e *desistir*. Essa é uma palavra mordaz. Afinal, equiparamos a desistência ao fracasso. Mas esse não é bem o caso. Em certos momentos, você pode deixar de fazer algo por ser perigoso e insalubre. Só que damos um valor muito alto aos resultados nos esportes, e se você desiste, é porque 'não deu conta'".

Dieffenbach é diretora do Centro para Treinamento Aplicado e Ciência do Esporte, bem como professora associada de educação em treinamento atlético na Universidade de West Virginia. Também é atleta, assim como o marido, e eles são pais de uma jovem atleta. Em outras palavras: ela está muito imersa no jogo de desistir ou não.

Um dos focos principais da pesquisa e das aulas de Dieffenbach é o papel que figuras de autoridade, como pais e treinadores, desempenham na vida de jovens atletas. Esses relacionamentos complicam a ideia de desistir, aponta ela, porque há mais coisas envolvidas, não só a decisão de uma pessoa. Investimentos substanciais de dinheiro, tempo e energia emocional são feitos para ajudar o atleta a desenvolver suas habilidades. Nós nunca desistimos de nada sozinhos. Desistir nunca é um esporte solo.

"O esporte é uma área que mexe demais com a emoção da família", diz Dieffenbach. "Os pais têm que dirigir muito, passar horas sentados nas arquibancadas. Então, quando uma criança desiste de um esporte, não é só ela que desiste; é a família toda."

178

> **Momento bandeira branca**
> Eu estava escrevendo uma matéria na redação. Era o prazo final.
> Meu filho Ryan tinha nove anos na época, e eu era técnico do time
> dele na Liga Infantil. Olhei para o relógio, torcendo para terminar
> o texto a tempo. Era a primeira vez que queria estar em outro lu-
> gar que não fosse uma redação. Era isto: eu tinha que encontrar
> outra coisa para fazer, a fim de poder estar naqueles jogos. Acre-
> dito que metade da responsabilidade de ser pai é estar presente,
> e eu queria estar. Foi quando soube que tinha que desistir.
> — ROBIN YOCUM

Para pais e treinadores, aceitar a decisão de um jovem atleta de abandonar o esporte é uma tarefa difícil. Há um aspecto transacional que costuma acompanhar o processo: *Eu fiz isso por você, eu me sacrifiquei, acreditei em seu potencial, e agora você vai* desistir? *Agora que tudo está começando a valer a pena?*

Se um treinador força alguém além de sua zona de conforto, é motivador ou um monstro? As histórias de treinadores duros, que exigem excelência de seus jogadores e não permitem que eles desistam, são material bruto de lendas. Celebramos mentores profissionais como Vince Lombardi, treinador do Green Bay Packers e famoso por levar os jogadores ao ponto de ruptura; ou o atual treinador do New England Patriots, Bill Belichick, elogiado como um líder que conduz seus jogadores impiedosamente e obtém grandes resultados.

Bobby Knight, treinador do time de basquete masculino da Universidade de Indiana de 1971 a 2000, foi sempre aplaudido, apesar de vários chiliques públicos contra seus jogadores e pelo menos um caso documentado de abuso físico contra um atleta. Alguns desistiram, mas mais o reverenciam e creditam a ele seu sucesso.

As pessoas não têm sempre a opção de desistir? Aqueles jogadores poderiam ter desistido, ter dito *não*. Não era um campo de concentração.

Tecnicamente, é verdade. As portas do ginásio não estavam trancadas. Mas, na prática, eles estavam presos – não por trincos, e sim por expectativas e imaginário. O protagonista do filme *Rocky*, espancado e ensanguentado, mas inflexível, luta até o fim. O custo psicológico da desistência pode anular até mesmo o pensamento em desistir. Os heróis aguentam firme, não se dobram.

"Há, sim, uma vergonha associada à desistência", admite Dieffenbach. "Durante minha carreira de 25 anos como corredora, desisti de duas corridas. E ainda morro de vergonha disso."

A vergonha é um forte motivador – vergonha por nós mesmos, mas também por decepcionar as pessoas que acreditam em nós, como pais e treinadores. Para evitar isso, podemos ignorar os sinais do corpo que dizem ser hora de dar um tempo. "Alguns atletas não sabem a diferença entre a dor que deveriam suportar e a que requer atenção", diz Dieffenbach. Significa que não é tão simples quanto declarar: "Todo mundo deveria desistir ao se deparar com um impedimento".

Sabemos que isso também não ajuda. Existe um valor verdadeiro em perseverar nossos esforços físicos, assim como nossos intelectos, quando estamos aprendendo algo novo e chegamos a um ponto difícil. "Você tem que superar a dor e continuar", explica Dieffenbach. "Nosso cérebro diz: 'Você precisa retomar'. Qualquer pessoa que tenha ido a uma academia depois de alguns meses de sedentarismo sabe que isso é verdade. Mas não significa que devemos sempre dar ouvidos a essa verdade."

Às vezes, é difícil escolher entre ficar firme e vivenciar a alegria de fazer algo que ultrapassa o que pensávamos ser nossos limites e, por outro lado, desistir. "Nosso histórico mostra que valorizamos o trabalho duro e vemos a desistência como um fracasso. A narrativa é 'Oh, você desistiu', não 'Ah, você escolheu fazer outra coisa com seu tempo'. Desistir é análogo a fracassar."

Momento bandeira branca
Meu marido, eu e nosso filho de cinco anos, Michael, decidimos viajar. Todos achavam que eu estava cometendo um erro horrível. A quantidade de pessoas que disseram "você não pode desistir, está sabotando sua carreira!" foi impressionante. Mas pensamos: "Por que não?". Minha mãe nos levou ao aeroporto e, ao chegarmos, ela me disse: "Provavelmente vou morrer enquanto você estiver em um kibutz em Israel". Mas consegui ter a presença de espírito de partir. Todo mundo disse que eu me arrependeria, mas nunca me arrependi.
— BONNIE MILLER RUBIN

Dieffenbach não consegue se lembrar de um momento na vida em que não estivesse correndo. Ou andando de bicicleta. Ou jogando tênis. Ou praticando algum esporte, dando tudo de si. Ela adora competir, vencer, pôr-se à prova contra os outros. Mas ainda melhor que isso, como me disse, é pôr-se à prova hoje contra quem era ontem.

Ela era atleta sem bolsa da equipe de atletismo da Universidade de Boston. Quando começou a pós-graduação em educação física, seu interesse se expandiu da simples fisiologia do esporte – o que acontece com nosso corpo quando corremos, pulamos ou balançamos um taco – para o mundo. Ela queria aplicar o que aprendera como atleta a outros esforços humanos.

"Como dar apoio ao potencial e ao crescimento humanos por meio do esporte? Posso ajudar a mudar a cultura?, foi o que me perguntei."

DESISTIR

Dieffenbach deseja que o amor dos Estados Unidos pelos esportes seja menos focado em ver atletas de elite jogando em ligas profissionais como NBA e NFL, ou no restante dos mortais jogando por lazer no quintal. Mais focado em ser ativo e se manter em forma, porque é divertido e faz bem, não por visar a uma carreira profissional. Assim, o momento de desistir pode nunca ter que chegar, porque nunca nos cansamos nem ficamos reféns do perfeccionismo. Estamos só nos divertindo.

"Temos uma mentalidade empreendedora muito individual nos Estados Unidos", diz ela. "Outros países têm uma mentalidade comunitária. Temos o mau hábito de pensar que os esportes só são valiosos se for para 'buscar o ouro'. Não reconhecemos o esporte como um compromisso vitalício com ele próprio."

Dieffenbach e seu marido são "atletas motivados", relatou ela. Eles têm três cães, dois gatos e quinze bicicletas no porão. Seu filho de onze anos joga hóquei.

E se ela chegasse à casa, um dia, e ele anunciasse que iria desistir?

"Eu diria: 'Tudo bem. Mas o que vai fazer para se manter fisicamente ativo? Você não vai ficar em casa assistindo a vídeos no YouTube'. Eu não ficaria nem um pouco chateada, mas conversaria sobre o motivo."

* * *

Heidi Stevens não precisa se perguntar o que diria se sua filha de dezessete anos, June, decidisse abandonar a ginástica, esporte que começou aos seis. Porque foi isso o que aconteceu no ano passado. A filha dela entrou no carro depois de um treino e disse: *Não quero mais. Tudo bem?*

"Fiquei exultante!", admitiu Stevens, rindo. "Era meia hora de ida e meia hora de volta no trânsito para treinar quatro noites por semana. Quando ela disse que queria parar, fiquei feliz."

Mas o comunicado foi o começo do assunto, não o fim, conta Stevens. "A cultura parental mudou. Estamos mais envolvidos na vida social e emocional de nossos filhos. Conversamos sobre as coisas. Abordamos caso a caso, sem regras rígidas."

Ela escreve uma coluna sobre questões parentais e é diretora criativa da Parent Nation da Universidade de Chicago, que defende questões familiares, como creches acessíveis e melhores opções de assistência médica. Usou sua própria história de desistência como um modelo de como *não* queria educar June e o filho mais novo, Will.

"No ensino médio, eu não era muito focada. Ginástica, balé, sapateado, começava a fazer essas coisas e depois abandonava. Toquei piano desde o primeiro ano até o ensino médio. Mas, quando estava tocando, meu irmão me batia e minha mãe gritava com ele. Por isso, sempre havia muita tensão. E não era só isso; eu odiava praticar."

Foi por isso que conversou com a filha quando o momento de desistir surgiu.

"É difícil se destacar", apontou Stevens. "Eu disse que ela não podia desistir só porque achava difícil e não era divertido."

Ela não queria que a filha se arrependesse. Notei certa melancolia em sua voz quando acrescentou: "Eu gostaria de ter continuado a tocar piano. Poderia ter sido muito boa".

Entrevistada separadamente, June Stevens confirmou o relato de sua mãe. "Ela me apoiava quando eu fazia ginástica, mas também dizia: 'Você não é obrigada a nada.'"

Sua decisão de desistir foi a soma de vários fatores, disse ela. Havia trocado de ginásio depois de muitos anos com um treinador que adorava, mas havia mudado de cidade. O espaço novo não era a mesma coisa: "Aquele ginásio era minha família. Tenho muitas lembranças boas".

DESISTIR

> **Momento bandeira branca**
>
> Eu me lembro vividamente. Havia acabado o treino de ginástica. Saí do ginásio e vi o carro de minha mãe – um Honda CR-V prata – no estacionamento, onde ela sempre me esperava. Só pensei: "Para mim, chega. Nunca mais vou voltar aqui". Foi assustador desistir de algo que fiz a maior parte da vida, mas também foi uma sensação boa. Eu me sentia no controle. Eu me virei e tirei uma foto do ginásio, entrei no carro e disse: "Mãe, isso foi um adeus".
> – JUNE STEVENS

A decisão surgiu rapidamente, recordou ela. E, com a mesma rapidez, ela entrou no time de remo da escola, depois na torcida. Desistiu de remar – "era chato" –, mas ficou na torcida. Não ligava muito para qual esporte estivesse praticando, o que importava era estar em movimento: "Gosto de me sentir toda dolorida, da parte puramente atlética do esporte".

* * *

Lewis Hanes não podia pedir conselhos ao pai, perguntar se era uma jogada inteligente ou idiota largar o emprego; se seria bom ou se, anos depois, iria se arrepender.

Seu pai morreu de uma infecção em 1932, quando Hanes tinha seis anos, deixando a esposa sozinha para administrar a fazenda de soja no noroeste de Ohio além de criar Lewis e suas três irmãs. Talvez tenha sido esse fato – a ausência do pai – que ajudou a impulsioná-lo. Uma figura de autoridade pode nos influenciar, mesmo que não esteja mais presente. A decisão de desistir ou perseverar pode ser resultado de forças invisíveis.

Muitas pessoas ainda ouvem a voz dos avós ou dos pais na cabeça, lhes dando conselhos sobre uma escolha crucial. Só elas ouvem, mas isso não importa. A decisão parece ser tomada com a colaboração deles.

Hanes tinha dezoito anos e havia acabado de se formar no ensino médio, turma de 1950. Conseguiu um emprego na Perry-Fay Manufacturing Plant, em Elyria, Ohio. Escolheu essa oferta em vez de outras porque "um vizinho ia para lá todos os dias, e eu não tinha carro".

Oito horas por dia, todos os dias, ele inspecionava os parafusos feitos no chão de fábrica com as outras peças de maquinaria, para ter certeza de que eram do tamanho e formato corretos. E observava seus colegas do departamento de controle de qualidade.

"Alguns deles", contou-me, "estavam naquele departamento havia trinta anos". Pensar que poderia ainda estar ali aos cinquenta anos o encheu de tristeza.

"Eles achavam o trabalho bom", disse. E talvez fosse – para eles –, mas Hanes tinha outras ideias.

De onde as tirava? O que o levou a construir, diferentemente de seus outros dezessete colegas formandos, um senso de possibilidades, sonhos diferentes, outros horizontes? O que o levou a considerar a possibilidade de, um dia, fazer doutorado em engenharia industrial na Universidade Estadual de Ohio, trabalhar com o que amava e morar em um lugar como Palo Alto, Califórnia?

Ele nunca saberá. Mas fez tudo isso.

Só que, primeiro, ele teve que desistir.

"Naquela região, quando você se formava no ensino médio ou entrava no exército, ia para a fazenda ou para uma fábrica", contou Hanes. "Se eu houvesse ficado, teria me casado com uma garota de lá mesmo. Foi o que todos fizeram."

Mas ele não. Ele se demitiu do emprego e, ao fazer isso, pôde viver outro tipo de vida. Serviu na Força Aérea dos Estados Unidos e se casou com uma mulher chamada Phyllis. Tiveram quatro

DESISTIR

filhos enquanto ele trabalhava em grandes empresas. Fez parte da equipe que desenvolveu o primeiro scanner de supermercado. Ainda trabalha como consultor de negócios, e ele e sua esposa dividem o tempo entre Ohio e Flórida.

Hanes, um homem taciturno, diz que não sabe como tomou a iniciativa de pedir demissão no verão de 1950, largar um salário fixo e optar por se matricular na Ohio State. Nenhum de seus colegas de classe fez faculdade. Ele não se sentia pressionado pela mãe, pelos professores, nem por qualquer outra pessoa, naquela cidade pequena, a tomar aquela decisão.

A incapacidade de Hanes de articular como decidiu largar seu primeiro emprego não é tão surpreendente quanto parece. Tomar decisões é um processo complexo, que estamos só começando a entender, segundo o Dr. Eric J. Johnson, autor de *The Elements of Choice: Why the Way We Decide Matters*. O que antes parecia um simples sistema binário – sim ou não, ficar ou ir – é apenas a manifestação externa de redes interligadas de processamento de informações e nuances de personalidade, diz Johnson, cujo livro explora o que ele chama de "uma revolução na pesquisa sobre decisão", abrangendo coisas como arquitetura da escolha e conjunto de preferências.

"Tomar decisões é difícil", escreve Johnson, professor de marketing da Universidade de Columbia e codiretor do Centro para Decisões Científicas. "Às vezes, achamos que sabemos o que queremos, mas nos deparamos com uma situação que não é igual a nada que já enfrentamos [...]. Talvez você pense que escolher é saber o que é desejável e localizá-lo. Na verdade, a parte difícil é, muitas vezes, decidir *o que* queremos. Para isso, revisamos nossas experiências para recuperar lembranças relevantes."

Momento bandeira branca

Muitas das minhas decisões eu considero bons acidentes. Eu caí de paraquedas em algumas coisas. Mas isso também significa que perdi outras. Toquei contrabaixo em várias bandas, mas desisti para fazer pós-graduação. A princípio, pensei: "Talvez eu consiga um emprego de programador porque sou bom nisso". Mas conheci as pessoas certas, e elas me orientaram para a pós-graduação.

— ERIC J. JOHNSON

Na encruzilhada de sua vida, naquele verão após terminar o ensino médio, enquanto arranhava e calejava as mãos colhendo milho na fazenda de um vizinho – era o que fazia quando não estava trabalhando na fábrica –, Hanes teve que fazer uma escolha. Podia inspecionar parafusos no departamento de controle de qualidade da Perry-Fay durante oito horas, todos os dias, como as pessoas ao seu redor faziam – e, de fato, a maioria das pessoas que ele conhecia havia feito, caso não trabalhassem em uma fazenda –, ou poderia desistir.

A decisão de trocar um caminho por outro significava que via a vida de maneira diferente de seus conhecidos. E nunca olhou para trás.

* * *

Na hierarquia das figuras de autoridade, é difícil superar aquela que influenciou Susan Warren a desistir de um tipo de vida e partir para outro: Deus.

Depois de uma carreira de sucesso como editora e escritora, ela decidiu, aos cinquenta anos, entrar no seminário. Aos sessenta, tornou-se a primeira ministra mulher em uma igreja no subúrbio de Lexington, Kentucky.

"Demorou um pouco para eu decidir 'é isso que vou fazer'", contou-me. "Fui criada como presbiteriana, mas tinha dúvidas sobre a igreja. Então, comecei a ter uma crise sobre a mortalidade e pensei: 'Talvez eu deva saber mais'. Imaginei que seria, talvez, assistente social. Mas tinha curiosidade sobre Deus. E, quanto mais você estuda, mais percebe que ninguém sabe. Há um milhão de teorias, mas ninguém sabe. E tudo bem."

O marido e as duas filhas apoiaram sua decisão, mas amigos e outros membros da família foram céticos, recordou ela. "Uma das minhas melhores amigas disse: 'O que lhe deu na cabeça?'. Muitas pessoas de minha vida antiga ficaram muito surpresas."

Entre seus momentos de mais orgulho e satisfação no púlpito, contou-me, está o dia em que oficializou o primeiro casamento homoafetivo em sua igreja. Mas também houve dias infelizes, em que se debatia e se perguntava se abandonar sua vida anterior havia sido correto. "Passei por um momento difícil no começo. Eles não gostavam de mim", admitiu. "Perdemos membros."

Momento bandeira branca

Nunca pensei que faria uma coisa dessas. Um dia, conversei com um ministro sobre o seminário. Ele me fez muitas perguntas. Voltei para casa depois dessa conversa, em um lindo dia de primavera. Entrei em casa, joguei as chaves no chão e fui dar uma volta. Simplesmente senti: "Nossa, é incrível". Eu tinha a percepção de que deveria fazer isso. Tudo me parecia vibrante, claro e lindo — as flores, o céu e as árvores. Eu senti: "Quero fazer isso". De repente, estava ali.
— SUSAN WARREN

Aos poucos, as coisas foram se revertendo. Domingo após domingo, os bancos começaram a se encher. Para sua surpresa, o aconselhamento pastoral se tornou uma das partes favoritas de seu trabalho, apesar de ter sido um desafio para ela, no início. Começou a gostar de conversar com pessoas que tinham grandes dúvidas sobre a vida e como melhor servir à fé. A desistência costuma ser o tópico mais importante na cabeça de seus paroquianos, e ela nunca mede as palavras, contou.

"Isso surge o tempo todo no aconselhamento matrimonial. E, quando é uma mulher em um relacionamento abusivo, eu logo digo: 'Caia fora!'."

* * *

Marge Galloway não dá moleza. Durante seus 32 anos lecionando no ensino médio, no Texas, Japão e Ohio, tinha a reputação, segundo me disseram, de ser uma professora de inglês formidável, que exigia de seus alunos altos padrões e excelência.

Por isso, fiquei surpresa ao saber que, quando as crianças queriam desistir, ela costumava responder: "Tudo bem".

Tudo bem?

Não dizia: "Está de brincadeira? Volte agora mesmo para sua mesa e termine essa tarefa!"; ou: "Desistir? Vou fingir que não ouvi você dizer essa palavra. É proibida nesta sala de aula".

Galloway sacode a cabeça ao ouvir o que eu imaginava. "Nunca acreditei em deixar alguém sofrer para realizar uma tarefa enquanto eu fico só olhando", disse-me. "Prefiro dizer: 'Vamos ver o que podemos fazer aqui'."

Não que ela não acredite em desafios. "Os pais diziam: 'Isso não é bom para a autoestima dele'. Eu estava de saco cheio disso e respondia: 'A autoestima se constrói fazendo coisas difíceis'."

Pois, então, onde está o ponto ideal entre uma recomendação para desistir ou não? Como podemos ser humanos e compreensivos sem mimar alguém?

Esse é o ponto em que o magistério – e a criação dos filhos, o *coaching* e a mentoria de qualquer tipo – se torna mais arte que ciência, afirmou Galloway.

"Quando um aluno está passando por um momento difícil, nunca digo aos pais: 'Não o deixe desistir'. Essa não seria minha reação instintiva. Cada situação é diferente. Cada aluno é diferente."

Um jovem, recordou ela, estava fazendo o melhor que podia em uma tarefa: uma leitura que estava simplesmente além de sua capacidade. "A mãe dele me ligou naquela noite e disse: 'Eu o conheço. Ele vai ficar acordado a noite toda treinando'. Isso não era bom, então eu disse: 'Diga a ele para ler até as dez e parar'."

Momento bandeira branca

Foi uma noite tensa à mesa de jantar. Eu tinha 32 anos. Era mais velha que as típicas voluntárias do Peace Corps, mas andava meio inquieta. Um dos membros de minha família disse: "Você está na idade perfeita para se casar e ter filhos, mas vai embora para a África?". Foi uma grande discussão. Mas eu queria sair para o mundo.

– LARA WEBER

Desistir é algo mais sutil do que as pessoas imaginam, acredita Galloway, em especial quando se trata de figuras de autoridade. Alunos altamente motivados talvez não desistam quando precisam porque têm medo de decepcionar um professor, ao passo que alunos preguiçosos às vezes precisam ser desencorajados a desistir.

"Eu dava aulas para alunos superdotados e achava que um deles não estava indo bem. Ele queria desistir, mas eu não queria deixar. A mãe me procurou e disse: 'Tudo que ele faz é abaixar a cabeça e estudar. Sinto que perdi meu filho'. Então, eu disse a ela que o deixasse sair. Não valia a pena o que os dois estavam passando."

Gail Hetzler, amiga de Galloway, começou sua carreira de professora em uma escola de classe única em Michigan. Seus 48 alunos iam do jardim de infância até o oitavo ano. "Eles se banhavam quando o riacho não estava congelado", contou-me, para que eu entendesse que não era nada parecido com Groton.

Mais tarde, deu aulas para o sexto ano em uma escola em Columbus, Ohio. Antes de se aposentar, supervisionava professores em treinamento na Universidade de Ashland, Ohio. Também criou três filhos, cada um com um estilo diferente de aprendizagem, comentou. Uma de suas filhas é diretora de uma escola de ensino fundamental.

Hetzler enfrentava com frequência o dilema de desistir. Às vezes, era de uma única tarefa que os alunos queriam desistir, mas, outras vezes, para alunos do ensino médio, era da escola. Ela acredita que não existe uma resposta única.

"O aluno mais brilhante que já tive foi um menino chamado Todd. Ele *odiava* a escola. Odiava cada minuto que passava lá. Não terminou o ensino médio e se envolveu com problemas sérios, mas eu sabia que ficaria bem. Quando os pais me procuraram – ambos eram professores – e disseram que ele queria largar, estavam muito chateados. Eu lhes disse que, quando ele encontrasse seu lugar, ficaria bem. E ficou. Ele cria sites, ganha muito dinheiro e está extremamente feliz."

Hetzler não está defendendo a evasão escolar. É uma crente fervorosa na educação, mas sabe que somos indivíduos e que o que para algumas pessoas parece desistência, para outras, é apenas outra maneira de chegar aonde precisam ir.

"Era importante para os pais de Todd que ele se encaixasse nos moldes. Mas não era importante para ele."

DESISTIR

Pense nisso

Você se importa com o que os outros pensam a seu respeito. E, até certo ponto, tem razão. Mas nenhuma decisão que você tome – inclusive a de desistir – terá 100% de aprovação. As pessoas que o amam querem o melhor para você, mas só você pode decidir o que significa "melhor". Desistir é seguir seu coração, mesmo que você decepcione outra pessoa.

CAPÍTULO 10
Desistir a céu aberto

Visibilidade, nos dias de hoje, parece equivaler a sucesso. Não tenha medo de desaparecer – dela, de nós – por um tempo e ver o que aparece no silêncio.
MICHAELA COEL, CERIMÔNIA DO EMMY 2001

A FRASE "GIRL, WASH YOUR TIMELINE" é meio sarcástica, mas não há como negar que essa manchete de 29 de abril de 2021 do *New York Times* captura com perfeição o dilema da desistência, crucial no mundo contemporâneo – um mundo dominado pelas redes sociais e seu enxame de curtidas, comentários, GIFs, carinhas sorridentes, corações minúsculos e a nojenta onipresença do velho e simples "você é um merda!".

Essa matéria traça a ascensão e queda de Rachel Hollis, guru de autoaperfeiçoamento, palestrante motivacional e autora de *Garota, pare de mentir para você mesma* (2018) e *Chega de desculpas* (2019), livros de autoajuda *best-sellers* que catapultaram Hollis a riqueza e fama. Dá para entender por que o *New York Times* escolheu essa inteligente manchete: Hollis usou as redes sociais com grande habilidade ao criar seu império de livros, blog, lives diárias, podcasts e linha de produtos de cuidados pessoais. Mas, quando as coisas começaram a dar errado para essa alegre empresária, foram as redes sociais que a atacaram com fúria e desprezo.

O mesmo destino aguarda qualquer pessoa que use as redes sociais, o que significa, muito provavelmente, você e todos que conhece. O ritual da desistência mudou para sempre. Não é mais algo que se faz depois da meia-noite, com as cortinas fechadas, sentado no sofá de calça de moletom e camiseta, com meio pote de sorvete derretendo aos pés, soluçando ao telefone enquanto sua melhor amiga murmura do outro lado da linha: *Já era hora de você dar um pé na bunda daquele vagabundo. Você é boa demais para aquele filho da mãe.* Hoje em dia, muitas vezes a desistência é pública. Nas redes sociais, você está sempre sob a luz do meio-dia.

Foi isso que Hollis descobriu. Como relata a matéria citada, em 2020 ela foi forçada a adiar uma grande conferência e perdeu pelo menos cem mil seguidores no Instagram. Alguns posts imprudentes fizeram que seus devotos questionassem sua autenticidade como defensora das mulheres comuns. A seguir, houve a notícia de que Hollis e seu marido estavam se divorciando. Isso não caiu bem a seus fãs, dentre os quais muitas eram mulheres cristãs casadas, que gostavam de seus conselhos otimistas sobre como manter o romance vivo no relacionamento.

Nenhum dos erros de Hollis se aproximou dos tipos de tropeços que colocaram celebridades em apuros em tempos passados: apreensão de drogas, casos extraconjugais desprezíveis, orgias regadas a álcool, peculato e até assassinato. Mas o grau de suas supostas ofensas não parecia importar. Eram erros públicos demais e, assim, era na arena pública que a punição deveria ocorrer. Seus fãs ficaram furiosos, e os posts nas redes de Hollis refletiram isso, forçando-a a rever eventos já planejados.

Viva pelas redes sociais, morra pelas redes sociais.

Pouca gente administra impérios de bem-estar multimilionários, mas todo mundo vive em uma época em que "vida pública" – uma expressão antes aplicável apenas a políticos e celebridades – é um termo genérico, que pode ser estendido a qualquer pessoa com conexão wi-fi e algo para contar. Nossas decisões de abandonar empregos, casamentos, bandas favoritas ou partidos políticos – decisões que antes só alguns amigos próximos ou familiares conheciam – podem se tornar globais com um único clique. E isso, por sua vez, nos torna vulneráveis aos julgamentos de estranhos e amigos. Em um nanossegundo, podemos deixar de ser seguidos, ser cancelados, apagados e receber comentários desagradáveis.

Embora seja verdade que nós mesmos provocamos isso – afinal, não *precisamos* compartilhar tudo no Facebook ou no Instagram –, também é verdade que é impossível ignorar a força das redes sociais no mundo. Elas nunca dormem. Tudo é escrutinado. Se você não comentar sobre mudanças em seu status de vida – término ou início de um relacionamento, mudança para uma casa ou apartamento novo, adoção ou morte de um cachorro –, é provável que outra pessoa o faça.

Portanto, mesmo não sendo Rachel Hollis – ou Margaret Atwood, ou Kim Kardashian, ou P!nk –, você é afetado pela mudança. Porque a desistência pública foi democratizada. Tanto para os anônimos quanto para os famosos, a Internet possibilita um novo meio de viver a céu aberto – o que significa, por extensão, um novo meio de desistir a céu aberto.

Os resultados são negativos e positivos. Ver um monte de gente comentar sobre suas escolhas pode ser desconcertante, até mesmo embaraçoso. As redes sociais multiplicam a experiência de ser julgado, como escreve Cathy O'Neil em *The Shame Machine: Who Profits in the New Age of Humiliation*. "Hoje, um único deslize pode acionar o maquinário digital da vergonha, transformando-o em um evento global. Estimulados por algoritmos, milhões de pessoas participam desses dramas, fornecendo mão de obra gratuita aos gigantes da tecnologia."

Por outro lado, entre os benefícios da desistência pública está o seguinte: criou-se um novo subgênero de empoderamento do trabalhador.

Em meados de 2021, existia o ato de largar o emprego no Tik-Tok. Foi um movimento grande, nomeado Quit-Tok. "Querendo pedir demissão" e frases semelhantes se tornaram categorias de *trends* no aplicativo. As pessoas gravavam vídeos – às vezes divertidos, às vezes furiosos – se demitindo, em alguns casos bem no momento de sair porta afora. É uma grande mudança em relação à usual hierarquia vertical das empresas, em que o chefe tem sempre a última palavra.

E não são apenas os subalternos que usam as redes sociais para pedir demissão em público. Em 4 de fevereiro de 2010, o CEO da Sun Microsystems, Jonathan Schwartz, renunciou via Twitter: "Hoje é meu último dia na Sun. Vou sentir falta daqui. Parece-me apropriado terminar com um haikai", disse em um tuíte: "Crise financeira / Paralisou muitos clientes / CEO não mais".

* * *

Há muitas coisas para se gostar na capacidade de controlar a narrativa pública de nossa própria vida. Quando atletas universitários mudam de faculdade, não precisam deixar um ex-treinador descontente com o anúncio. Ashley Owusu, jogadora de basquete da Universidade de Maryland, deu no Instagram a notícia de que estava se transferindo para a Virginia Tech: "Eu nunca comecei nada que não terminasse, e terminar era o plano", escreveu. "Infelizmente, coisas que aconteceram dentro e fora da quadra este ano me levaram a tomar a decisão difícil, mas necessária, de continuar meus estudos e carreira no basquete em outro lugar." Ela escolheu o que, como e quando dizer, em vez de deixar que outra pessoa tomasse essas decisões.

Mas as armadilhas espreitam nessa nova realidade em que as redes sociais dominam, diz o Dr. Aaron Balick, psicoterapeuta britânico e autor de *The Psychodynamics of Social Networking*, de 2016. "As redes sociais permitem que as identidades se tornem mais fixas", disse-me. "A identidade pública de alguém nas redes sociais pode comprometer o processo de tomada de decisão sobre perseverar ou desistir devido ao investimento na própria identidade."

Se você reforçou certa visão de si mesmo por meio de postagens frequentes, mudar essa identidade – digamos, largar um emprego que dizia amar ou um relacionamento que apresentava como perfeito – pode ser mais difícil, observa ele. As redes sociais "podem pressionar o indivíduo a se mover em direção a uma solução em detrimento de outra". Em vez de seguir seu coração – ou até o bom senso – ao tentar decidir sobre um próximo passo, antevê a reação que receberá. Portanto, não é *você* quem está decidindo, e sim outras pessoas. E depender do resultado de uma pesquisa on-line não oficial é mesmo a melhor maneira de administrar sua vida?

Por meio de nossa presença on-line, criamos uma identidade, uma narrativa sobre nossa vida, diz Balick. O ato de desistir exige que mudemos essa narrativa – ou decidamos não mudar. "Perseverar é quase sempre o padrão; desistir exige outro tipo de ação", acrescenta. Desistir é "simplesmente uma escolha a fazer. Não há valor essencial em desistir ou perseverar, e sim na narrativa que você e os outros criam para essa decisão".

* * *

Ah, bons tempos! Um político enfurecido durante uma entrevista ao vivo. Uma celebridade convocando uma coletiva de imprensa para anunciar sua saída iminente de um projeto cinematográfico. Assim faziam as pessoas públicas.

Alguns vestígios dessa maneira antiquada de desistir em público permanecem, fazendo-nos recordar quanto o mundo mudou. Na manhã de 12 de janeiro de 2022, o âncora da NPR Steve Inskeep faria uma entrevista de quinze minutos com Donald Trump. As coisas começaram bem, mas, aos nove minutos, depois de uma troca de farpas sobre a constante insistência do 45º presidente dos Estado Unidos de que a eleição de 2020 havia sido fraudada, Trump se encheu. De repente, disse: "Steve, muito obrigado. Foi um prazer".

E, assim, foi embora.

Alguns segundos se passaram antes que Inskeep, tendo lançado sua pergunta seguinte, percebesse que estava falando sozinho. "Ele foi embora. Ok", disse, mais pesaroso e intrigado que furioso.

Essa não foi a primeira vez que Trump desistiu no meio de uma entrevista. Em 20 de outubro de 2020, ficou irritado com as perguntas da âncora do *60 Minutes*, Lesley Stahl, e se mandou. Tampouco é ele o criador desse gesto, dessa maneira pública de se livrar de uma situação que não convém. Os políticos gostam muito disso. Há uma longa tradição de figuras públicas arrancando microfones da lapela e os fones de ouvido e resmungando diante de uma câmera de televisão: "Eu me recuso a dignificar esse lixo com uma resposta!", ou cuspindo ressentimento semelhante. Celebridades do mundo do entretenimento, esportes e negócios também fazem isso, fugindo de locais que os deixam desconfortáveis ainda diante das câmeras e dos microfones.

Outra maneira de desistir em público, sob o olhar ofuscante do escrutínio da mídia, é ser um informante. Em outubro de 2021, a ex-funcionária do Facebook Frances Haugen deu seu testemunho, durante quatro dias, perante um comitê do Senado dos Estados Unidos, sobre o que ela considera a indiferença da empresa ao sofrimento causado por seus algoritmos. Ao se demitir depois de trabalhar no Facebook por cerca de dois anos, ela pegou dados que esperava poder usar para corroborar seus argumentos.

"Estou aqui, hoje, porque acredito que os produtos do Facebook prejudicam as crianças, alimentam a divisão e enfraquecem nossa democracia", disse Haugen aos legisladores. "A liderança da empresa sabe como tornar o Facebook e o Instagram mais seguros, mas não faz as mudanças necessárias porque colocam seus lucros astronômicos acima das pessoas." Ela se demitiu deixando um repúdio bem público a seus ex-empregadores.

Nem todos os informantes seguem o caminho público, como observa Patrick Raddon Keefe em seu artigo da *New Yorker*, de 2022, sobre um programa federal que recompensa financeiramente os funcionários que denunciam possíveis crimes corporativos ao largar o emprego. Não é necessário contar ao mundo para que as acusações sejam levadas a sério. "Alguns optam por não ir a público", escreve Keefe. Mas, quando alguém como Haugen se demite e faz alegações explosivas em uma audiência no Congresso, transforma sua saída em um ato de coragem; a retaliação passa a ser uma possibilidade real. Ao divulgar as informações que tinha, ela fez que sua demissão importasse.

* * *

Desistir em público não precisa ser gritando de raiva com um chefe ruim ou revelando práticas comerciais nefastas. Não é preciso celebrar algo desagradável. As pessoas postam no Facebook e Instagram vídeos de festas de aposentadoria e *selfies* de viagens que fazem antes de morrer. Você pode abandonar um tipo de vida publicamente, mas seria bom que fosse só para compartilhar o fato, não para acertar contas.

Quando Melissa Allison decidiu se casar de novo, sentia muita alegria e esperança – e um pouco de apreensão. Tinha sido casada com um homem que ainda amava e respeitava. Antes de terminar o relacionamento, não havia sinais externos de tensão. Muitos amigos com quem ela não mantinha contato regular não sabiam o que havia acontecido. Ela não tinha tempo nem energia para mandar montes de mensagens, e um e-mail coletivo lhe parecia muito frio.

A notícia poderia chegar a seus amigos de qualquer maneira, pelo curso natural do comportamento humano – ou seja, a fofoca –, mas isso também não a atraía muito. Ela queria contar sua própria história, informar a centenas de pessoas – todas de uma vez – que havia abandonado sua vida antiga. O que poderia fazer?

A resposta foi fácil, disse Allison: Facebook.

Mas a parte difícil foi esperar as respostas ao post com fotos dela e Deborah, sua nova parceira, na cerimônia à beira-mar.

"Postar no Facebook foi assustador", admitiu Allison. "Eu já tinha certa prática de contar às pessoas – a amigos próximos pessoalmente, a familiares próximos por telefone, aos mais distantes por e-mail – e sabia que o Facebook às vezes é cruel, pois é um grupo mais amplo e crítico. Mas usei a mesma abordagem que em outros lugares e fiquei aliviada ao descobrir que meus contatos não são ruins. Foi um alívio divulgar amplamente, por fim, e as perguntas constrangedoras pararam de surgir."

Allison, que trabalha em uma empresa imobiliária em Seattle, era casada havia muitos anos quando conheceu Deborah em um retiro espiritual. Sobre seu relacionamento com o ex-marido, ela me disse: "Não era horrível. Simplesmente não era vivificante. Eu pensava que tinha que existir algo mais".

No entanto, desistir do casamento para ficar com Deborah foi uma decisão dolorosa, contou-me Allison. "Sinto muita culpa por isso, mas o relacionamento não me parecia certo havia muito tempo. Assim que percebi isso, comecei a emergir, a redescobrir o que a vida significa para mim."

Nos primeiros dias de seu descontentamento, ela pensou que largar o emprego talvez a acalmasse. Mas logo percebeu que o problema era mais profundo. Era pessoal, não profissional.

> **Momento bandeira branca**
> Eu amava meus gatos, amava Seattle. Mas pensei: "Por que estou constantemente em busca de algo?". Nesse momento, eu me encontrei e me entendi. A dor que eu sentia por não fazer o que precisava fazer por mim mesma só aumentaria. Eu mudei de uma hora para outra.
> — MELISSA ALLISON

Após a cerimônia – cujas fotos enfeitam seu perfil –, ela e a esposa compraram uma casa no Havaí, onde Allison trabalha remotamente. Quando o dia de trabalho termina, elas vão praticar mergulho, ficam com seus dois gatos e um cachorro, ou cuidam do jardim, onde cultivam abacaxi, mamão, banana, abacate e laranja.

Sair de um casamento e embarcar em outro tão publicamente é arriscado, admitiu ela. "Sou uma 'pessoa divorciada'. Nunca pensei que usaria esse rótulo. Mas, quando as pessoas usam esses rótulos, estão apenas imitando alguma bobagem que a cultura lhes ensinou. O rótulo não está ligado a nada real."

* * *

As não celebridades se entregam cada vez mais à desistência pública, mas as pessoas famosas também não abrem mão dessa prática. A tradição de sair de uma entrevista ao vivo com raiva teatral está viva e bem – e desagradável como sempre.

"Fui assassinado! Enterrado vivo! Mas estou vivo!".

Esse foi R. Kelley, o cantor desonrado condenado em 2021 por crimes como extorsão, suborno e exploração sexual, durante sua entrevista com Gayle King no *CBS News*, em 6 de março de 2019. Sua explosão foi além: "Eu não fiz essas coisas. Esse não sou eu

DESISTIR

[...]. Estou lutando por minha maldita vida. Vocês todos estão tentando me matar!". Ele abandonou a entrevista e o estúdio em um acesso de raiva.

A possibilidade de desistir em público está entrelaçada à cultura da entrevista ao vivo na televisão ou no rádio, e essa é uma grande parte do fascínio. Queremos assistir ou ouvir porque *sabemos* que algo vai acontecer – algo dramático, talvez perigoso, porém, sem dúvida, algo sobre o que falaremos com nossos amigos e colegas no dia seguinte.

Mas o que torna isso tão atraente para nós, além do entretenimento puro? Talvez seja o fato de que, apesar da inevitabilidade da reação dos sujeitos a perguntas contundentes – alguém realmente achou que R. Kelley ficaria para ouvir as perguntas de King sobre as alegações que enfrentava, ou que Trump falaria por muito tempo com um apresentador da NPR? –, há algo transgressor na desistência e algo *duplamente* transgressor em desistir à vista de todos. Não um, mas *dois* baluartes tradicionais da cultura estão sendo violados: a ideia de que você não deve desistir e de que, se desistir, deve fazê-lo na moita.

Somos sempre atraídos para o final vívido, para o corte público de laços, tanto como *voyeurs* quanto como praticantes.

Mas existem regras não oficiais para desistir on-line?

A internet é celebrada como um lugar livre e irrestrito, em que a única regra é que não há regras, e as sutilezas sociais normais não precisam ser observadas – na verdade, devem ser subvertidas. Essa anarquia é uma grande parte do charme: não saber o que vai acontecer cria um frisson de excitação constantemente renovado. Mas, da próxima vez que você se sentir tentado a dizer ao mundo – ao passar pela porta de sua empresa pela última vez – que seu chefe é um filho da mãe ou que seu parceiro é um vagabundo traidor, talvez seja bom levar em conta alguns princípios e orientações para sua desistência pública.

Primeiro: seja como Eduardo VIII, não como Richard Nixon.

E segundo: saiba quando desistir em público.

* * *

Se um monarca do século 21 precisar dizer a seus súditos que vai renunciar, o Twitter é o local ideal. Sem essa opção em 1936, o rei Eduardo VIII da Grã-Bretanha se sentou a uma mesa no Palácio de Buckingham, em um dia importante, puxou para mais perto o grande microfone – aquele que transmitiria suas palavras aos ouvintes de rádio do reino todo – e falou lenta e solenemente, mas com determinação: "Há poucas horas, cumpri meus últimos deveres como rei e imperador". No que chamou de "a decisão mais séria de minha vida", ele declarou que estava abrindo mão do trono para se casar com Wallis Simpson, uma estadunidense que, por ser divorciada, nunca poderia ser rainha.

Compare a eloquência de Eduardo VIII com outro episódio de desistência pública da era pré-Internet: a primeira das duas renúncias televisionadas de Richard Nixon, um ataque de ressentimento alimentado por autopiedade durante uma entrevista coletiva em 7 de novembro de 1962, após sua derrota nas eleições para governador da Califórnia. O subtexto da mensagem desse futuro presidente dos Estados Unidos poderia ter saído da boca de um trabalhador que ganha salário-mínimo em um vídeo de despedida no TikTok: *O quê? Você acha que não vou fazer isso? Observe. Vou fazer e publicamente.*

Aos repórteres reunidos no Beverly Hilton Hotel, naquele dia, Nixon declarou, insatisfeito: "Vocês não têm mais Nixon para chutar, cavalheiros. Esta é minha última entrevista coletiva. Obrigado, senhores, e bom dia".

Dado esse adeus sombrio e mal-humorado, como Nixon retornou à vida pública? O tempo foi a chave, diz Robert Schmuhl, historiador especialista na presidência e professor emérito de

DESISTIR

Estudos Americanos da Universidade de Notre Dame. "Tanta coisa aconteceu depois de sua dita última entrevista coletiva, após a derrota para o governo da Califórnia em 1962, que, em 1968, essa derrota e o que ele disse depois pareciam não importar muito", explicou-me Schmuhl. "O país havia vivido o assassinato de John Kennedy, as dificuldades mortais da Guerra do Vietnã, o declínio da presidência de Lyndon Johnson, os assassinatos de Martin Luther King e do senador Robert Kennedy, tumultos em várias cidades e todo o restante."

Outro fator que impediu que o momento de desistência de Nixon prejudicasse sua imagem é que poucas pessoas realmente o viram ao vivo, ou mesmo gravado, acrescentou Schmuhl. "É importante lembrar que, na época, não existiam noticiários de meia hora. Só passaram a existir um ano depois. Além disso, naquela época, o país não estava tão saturado com notícias na televisão e imagens de vídeo como ficou a partir dos anos 1980. Havia vídeo do discurso de Nixon, mas não havia nada parecido com a repetição que existe agora. O jornalismo impresso era muito mais significativo, e ler as declarações do ex-vice-presidente nunca seria o mesmo que ver e ouvir."

O espetáculo da desistência pública – a imagem fascinante de um homem adulto perdendo a calma – foi o que tornou o momento atraente. Uma transcrição não pode se comparar ao evento ao vivo. Nixon teve a sorte de ter dado seu chilique de perdedor antes do Twitter; caso contrário, teria sido esmagado pela enorme quantidade de comentários.

Quando ele renunciou em público pela segunda vez – 8 de agosto de 1974, sua renúncia à presidência após o escândalo de Watergate –, o cenário da mídia já era totalmente diferente. Milhões de pessoas assistiram ao boletim transmitido na televisão apresentando sua renúncia.

Porém, mesmo naquele momento histórico grave, com tantos espectadores e tanta coisa em jogo para a nação e o mundo, Nixon era sensível a uma coisa: a implicação de que ele não era forte o bastante para aguentar. Podiam chamá-lo de mentiroso, cafajeste, manipulador sem escrúpulos, do que quisessem, só não de... bem, você sabe. Para ele, nenhum insulto era pior.

Com voz de aço, Nixon declarou: "Nunca fui um desistente".

* * *

Outro fator é o *timing*. Sem dúvida, o desejo de compartilhar uma mudança em sua vida e ter uma infinidade de seguidores pode ser irresistível. "O Twitter é uma luz vermelha que pisca sem parar", escreveu Cailtin Flanagan em um ensaio – engraçado, porque é verdade – sobre sua tentativa de sair do Twitter por 28 dias. "É um parasita que se enterra profundamente em seu cérebro e treina você para responder ao constante *feedback* social de curtidas e retweets."

É forte a tentação de contar a todos suas decisões de vida, como separações, demissões, até aquele tendão machucado que o impediu de fazer crossfit durante um mês. Mas certa contenção pode ser justificada, apesar de sermos parte de uma sociedade "acostumada a viver à vista dos outros", escreve Moya Lothian-McLean em um ensaio intitulado "I built a life on oversharing – until I saw its costs, and learned the quiet thrill of privacy".

Ela acrescenta: "Compartilhar foi a maneira de tornar real minha própria vida". Só recentemente aprendeu como é emocionante *não* compartilhar tudo nas redes: constitui "uma recuperação do poder que eu não sabia que havia cedido". Quando *perceber* o quanto de sua essência você abriu mão por compartilhar publicamente cada detalhe de sua vida, talvez queira dar um passo atrás e ser mais econômico e criterioso em relação ao que publica.

DESISTIR

"Vemos uma reação crescente contra o compartilhamento excessivo, contando Taylor Swift e alguns adolescentes do Reino Unido entre seus convertidos", observa.

Talvez seja hora de repensar a ideia de que tudo tem que estar aberto para que os outros comentem, desde o que você faz até o que decide deixar de fazer. Claro que isso não vai acontecer em um piscar de olhos. O preconceito social contra a desistência às vezes nos torna mais, não menos, inclinados a compartilhar casos com muita frequência – e com muitas pessoas –, porque desafiar a autoridade é um impulso humano básico. Não gostamos de ser definidos pelas ideias dos outros sobre o que faz uma vida ser bem-sucedida. Queremos nós mesmos tomar decisões sobre quando desistir ou insistir. Assim, talvez reajamos com entusiasmo à liberdade do mundo on-line. Finalmente livres da pandemia, ainda estamos nos acostumando com a ideia de fazer parte de um mundo maior; tendemos a ser abertos em vez de cautelosos, muito francos em vez de discretos.

Adele, a cantora britânica que sempre foi sincera com seus fãs sobre suas lutas com a imagem corporal e a intimidade, fala muito sobre seu divórcio em várias plataformas. Ela dá um toque positivo a seu novo status, um hábito que irrita sua compatriota, Freya India. "Hoje em dia", queixou-se India em um ensaio publicado no *Spectator.com*, "o divórcio é visto apenas como outra forma de empoderamento. O divórcio não deve ser visto como uma tragédia, ao que parece; é motivo de comemoração, uma renovação merecida". India não entende a insistência da cantora em dizer nas redes sociais e em entrevistas que ela e seu filho estão bem. Acho que Adele se mostra publicamente otimista em relação ao fim de seu relacionamento de uma década porque, nos últimos anos, o mundo esperava que uma mulher divorciada sofresse em particular, chorasse, ficasse encolhida e escondida, como se sua vida houvesse acabado. Mas, em vez disso, a artista fala sobre sua alegria após o rompimento.

A desistência pública de Adele é sua réplica a esse padrão machista, sua maneira de dizer ao mundo: "Estou bem, obrigada. A decisão sobre como e com quem vou viver, e sobre o que me faz feliz, é *minha*, não sua". Desistir abertamente pode não ser a melhor escolha em todas as circunstâncias, mas o que importa é que você pode fazer essa escolha.

Pense nisso

Você gosta de compartilhar o que está acontecendo em sua vida, como decisões importantes que toma em relação a empregos, estudos, relacionamentos. Mas as redes sociais aumentam o peso da desistência. Não deixe que isso o engane e você acabe dizendo ao mundo qualquer coisa antes de se sentir pronto.

CAPÍTULO 11
Uma comunidade de desistentes

Você não quer ser a mesma pessoa a vida toda, não é?
KAREN JOY FOWLER

AMY DICKINSON GOSTA DE PESSOAS. Isso é bom, pois, tendo uma coluna de aconselhamento, o trabalho dela é nos ouvir reclamar sobre a vida – pequenas coisas que nos irritam, tristezas esmagadoras ou leves decepções e aborrecimentos – para nos fazer lembrar que estamos todos no mesmo barco: somos humanos. E as coisas muitas vezes ficam complicadas para todos nós.

Devido à já mencionada afeição pela espécie humana, Dickinson anseia por fazer parte de algo maior que ela mesma, de um todo mais amplo. Portanto, não foi surpresa que, ao receber o convite para fazer parte de uma organização, sua resposta afirmativa tenha sido rápida e agradecida.

Então, por que ela desistiu?

"Sinceramente, acho que nunca desisti de *nada* até 9 de junho de 2020", disse-me ela. "Era o dia do funeral de George Floyd e optei por renunciar à minha participação na organização Filhas da Revolução Americana. Eu havia sido admitida, com grande alarde, como o milionésimo membro alguns meses antes." Havia sido planejada uma "blitz na mídia nacional", acrescentou, para divulgar seu novo status de membro da DAR, sigla da organização em inglês (Daughters of the American Revolution).

É possível entender por que a DAR queria Dickinson na equipe. Ela escreve uma coluna que circula em periódicos de todo o país, é presença constante na NPR e seus livros são *best-sellers*. É uma oradora vívida e cativante, com um público grande e dedicado. Mas, entre seu "sim" e o início da turnê publicitária, ela ficou arrasada e indignada com o assassinato de Floyd, enojada com o racismo que o motivou. Por isso, disse à organização que, como seu mais novo membro, falaria publicamente sobre o preocupante histórico do grupo em relação à raça.

Falou, por exemplo, do domingo de Páscoa de 1939, quando a DAR se recusou a permitir que a contralto preta Marian Anderson cantasse no Constitution Hall devido a uma cláusula que dizia "somente para brancos" nos contratos com seus artistas. Em um momento eletrizante na longa história da luta pela justiça racial nos Estados Unidos, Anderson cantou "My Country 'Tis of Thee" no Lincoln Memorial, emocionando os milhares de pessoas aglomeradas para ouvi-la.

"Eu acreditava que eles precisavam continuar analisando sua história através dessa lente; afinal, é uma organização obcecada por história", disse Dickinson. "Mas o presidente da organização não gostou nada disso." Depois de mais discussão, Dickinson continuava não satisfeita com sua resposta ao acerto de contas sobre justiça racial que estava varrendo o país. "A história me obrigava, e isso facilitou muito minha saída. Acho que nunca deveria ter entrado nessa organização", prosseguiu Dickinson. "Mas, como muitas pessoas que não conseguem desistir de nada, eu costumo me obrigar às coisas porque não tenho confiança para recusar. Ao sair de lá, senti o gostinho da libertação que pode decorrer da desistência."

Seu próximo hit nas paradas de sucessos da desistência foi um clube do livro on-line que ela estava tentando abandonar havia seis meses. "Eu não tinha tempo para as reuniões no Zoom, mas o principal é que não gostava. Fiquei tentada a contar um monte de mentiras e dar desculpas por desistir, mas acabei dizendo apenas que não queria mais participar."

* * *

A relutância de Dickinson a desistir, mesmo sabendo que era o certo, não era simplesmente por evitar uma tarefa desagradável. Há outro fator envolvido: quando você desiste, abandona uma comunidade. As comunidades fornecem um contexto para nossa vida e a noção de que somos mais que pedaços separados da humanidade vagando pelo universo. São como uma espécie de cola; nos dão uma conexão, um fio. Como entidades únicas, é como se fôssemos muito leves, insubstanciais; como se pudéssemos sair voando para fora da Terra. Desistir é libertar-se, sim, mas também é perder esse fundamento, o lastro essencial dos outros. Às vezes, esse lastro é um empecilho; outras vezes, um conforto. "Independência" é um conceito que permeia os dois lados.

"Desistindo, você se coloca fora do grupo", diz Leidy Klotz, aquele professor da Universidade da Virgínia que escreveu *Subtract: The Untapped Science of Less*. "Você não está mais no grupo e corre o risco de ser estigmatizado."

Enterrada na palavra "decidir" está a violência da separação. Na mesma raiz latina se encontra a palavra "cindir", cortar. Desistir pode propiciar alívio e satisfação, como foi para Dickinson, mas também pode causar arrependimento – de imediato ou, como veremos, anos depois.

Você está fora agora, não faz mais parte da gangue.

Quando desistimos – quando largamos um bico, um companheiro, uma casa, um time, um relacionamento, uma crença religiosa, uma ideia de negócio –, não desistimos apenas de uma atividade, uma pessoa, uma esperança ou do direito a voto. Perdemos também o parentesco com os outros. É por isso que pessoas que poderiam assistir a um jogo de futebol em uma boa televisão em casa, de pijama de flanela e pantufas felpudas, vão ao estádio em uma noite gelada para sentar no frio e estragar os sapatos pisando em poças de cerveja derramada.

É boa a sensação de se aninhar dentro de algo maior (mais barulhento e tumultuado) do que poderíamos ser sozinhos. Desistir significa abrir mão desse conforto. E, embora isso possa fornecer alívio, também pode provocar a sensação de estar sozinho. Não estamos mais na lista de membros, ou no site da empresa com uma foto quadradinha e uma pequena biografia.

Talvez por isso hesitamos em desistir de coisas que sabemos que não estão nos ajudando e que podem, de fato, estar nos prejudicando. Toda decisão de desistir é um afastamento do que é familiar e previsível; um movimento em direção ao novo, ao estranho, ao perigo iminente.

Pode acabar magnificamente bem. Ou não.

A desistência não engloba apenas aquilo de que desistimos; acarreta também o deserto em que nos encontramos após desistir. Perdemos o consolo do contexto. E, enquanto vamos formando outro contexto, podemos nos sentir perdidos pela primeira vez. Sem âncora, inclusive. Porque não pertencemos mais.

Quando desistimos, perdemos uma conexão com os outros. Mas o bom é que, depois dessa perda, fazemos outras conexões. Como nos recorda Bessel van der Kolk em *O corpo guarda as marcas*: "Tudo em nós – nosso cérebro, mente, corpo – é voltado para a colaboração em sistemas sociais. Essa é nossa estratégia de sobrevivência mais poderosa, a chave para nosso sucesso como espécie".

Portanto, desistir é um desafio emocional e espiritual, bem como logístico, diz Connie Schultz. Em sua carreira como colunista vencedora do Prêmio Pulitzer, primeiro no *Cleveland Plain Dealer* e agora no *USA Today*, ela entrevistou muitas pessoas para falar sobre a vida delas. Essas conversas a convenceram de que existem diferentes tipos de desistência e que cada um exige um tipo diferente de coragem.

Você pode largar um emprego, mas isso é só parte da vida. Outro tipo de desistência significa deixar para trás sua versão atual porque não combina com quem você sempre quis ser.

> **Momento bandeira branca**
> Quando fui embora, já estava emocionalmente longe. Estava fazendo um bom trabalho, mas isolada [...]. Sou diferente por dentro por ter saído do *Plain Dealer*. Não quero voltar a ser quem eu era antes de sair. Eu tinha mais medo, não via meu mundo de um jeito grande como agora. Desistir me ajudou a ser uma amiga melhor para as pessoas, uma mentora melhor para meus alunos. Quando você vive algo, aprende com a experiência e passa a lição adiante.
> — CONNIE SCHULTZ

"Se precisamos mudar de emprego, conseguimos", diz ela. "Mas se o que precisa de mudança é a base pessoal, aí fica mais difícil. Temos que criar espaço para trazer pessoas e experiências novas. Se esse espaço está sendo ocupado por pessoas que fazem você ficar na defensiva ou se sentindo inferior, não há espaço para mudança." Schultz sabe muito sobre mudança e possibilidades, sobre todos os diferentes espaços que uma pessoa pode preencher no mundo; ela não é só uma jornalista e escritora de sucesso, mas também professora universitária, mãe, avó e esposa do senador Sherrod Brown.

Enquanto não abandonamos partes de nossa vida que não estão funcionando, "não há energia para que algo novo nos encontre. Só recebemos a mesma quantidade de energia todos os dias." Sobre o segundo tipo de desistência, Schultz diz o seguinte: "É muito mais tranquilo, muito mais suave. É a capacidade de sonhar com algo maior".

* * *

Patty Bills conhece bem os sonhos; sabe que podem inspirar grandes mudanças na vida. Oito anos atrás, ela largou o emprego no governo federal para ser artista. Ela tinha um bom salário, benefícios e segurança.

Havia só um probleminha, contou-me: "Estava matando minha alma".

Ela e seu marido, Thomas, mudaram-se para o leste de Wyoming há doze anos. Eles adoravam o lugar, a paisagem acidentada, o fato de não haver dois amanheceres iguais. Mas ela não adorava ser administradora do Serviço Florestal dos Estados Unidos e cuidar do gerenciamento de frotas.

Bills fez uma aula de cerâmica e se descobriu apaixonada por criar xícaras, canecas, pratos, bandejas e vasos, por pintar à mão cenas originais da vida selvagem e descascar o esmalte. No trabalho de Bills vemos alces, trutas, pássaros voando e ursos curiosos.

Em 2015, como uma daquelas trutas que pintou em muitas xícaras, capturando o momento em que o peixe salta da água espumosa, ela também deu um grande salto.

"O estresse do trabalho e minha aversão a ele estavam crescendo, então pedi demissão. Virei ceramista em tempo integral", contou-me. "Decidi que não queria mais." Sentiu algum nervosismo antes de pedir demissão? "Você se acostuma com o salário fixo. Tínhamos uma hipoteca e uma filha de treze anos. Por isso, sim, senti medo. Mas estava vendendo bem minhas cerâmicas e pensei que poderia transformá-las em um negócio. Poderia de verdade."

> **Momento bandeira branca**
> Decidi que não queria mais. Disse a meus pais que ia largar meu emprego. "Não aguento mais, é muito estressante." Meus pais disseram: "Tricia, você deveria pensar melhor". Mas eu respondi: "Já pensei". Duas semanas depois de largar aquele emprego, minha filha disse: "Recuperei minha mãe".
> – PATTY BILLS

Mesmo antes de se demitir, Bills começou a oferecer seu trabalho em consignação para galerias e lojas de presentes em todo o Oeste. Suas peças venderam bem, logo de cara. Ela assumiu um risco, sim, mas calculado. Fez cursos sobre administração de empresas, pois entendia que ganhar a vida com sua arte exigiria mais que talento. Ela tinha que ser tanto empreendedora quanto artista.

A pandemia foi dura, disse. "Muito deprimente. Não havia mostras ou programas de artistas residentes; galerias e lojas estavam fechadas." Seu site e a página no Facebook permitiram que continuasse vendendo suas obras, mas foi um momento difícil.

Até que o mundo começou a se abrir de novo. "Estou na luta para conseguir atender aos pedidos e às exposições nas galerias", relatou ela. "Amo minha carreira. Trabalho com argila, um pedaço da terra. Às vezes, sou muito grata por aquela gota d'água que aconteceu em meu trabalho no governo", disse, rindo.

A lição é que "às vezes, temos que sair de nossa própria cabeça e parar de colocar números no papel. Eu nunca estaria aqui se não houvesse dado esse salto. É algo assustador e dá medo. Mas pode trazer muita alegria".

* * *

Criado em Evanston, Illinois, Tim Bannon, ex-editor do *Chicago Tribune*, foi um bom atleta. Era alto, ágil e tinha pernas fortes para chutar. Jogou futebol e rúgbi no ensino médio. Assim, no primeiro ano na Universidade Miami, em Oxford, Ohio, decidiu tentar uma vaga de artilheiro no time de futebol, mesmo não tendo bolsa de estudos. Escreveu uma carta ao treinador principal, Dick Crum, garantindo que era capaz de chutar para o gol a 45 metros de distância.

"Em uma hora", contou-me Bannon, "o telefone do dormitório tocou. Era Dick Crum, dizendo: 'Venha me mostrar o que você é capaz de fazer'. Era eu e toda a equipe técnica em campo, e acertei todos os chutes à direita e à esquerda. 'Ótimo, garoto', disse ele, 'você está no time'. Foi um turbilhão depois disso."

No primeiro treino com toda a equipe, Crum gritou para seu novo artilheiro: "'Bannon! Entre lá!' Eu nunca havia ficado diante de onze sujeitos me encarando a seis metros de distância. No primeiro chute, pá! Acertei as costas do zagueiro central".

Os chutes subsequentes foram igualmente constrangedores. Bannon tinha as habilidades físicas, mas não a mentalidade apropriada. "Tentar fazer gols é uma coisa singular. Tudo fica a cargo do artilheiro; você está sozinho, tem que aprender a ser o foco da atenção."

Algumas semanas depois, "após ficar de escanteio", ele abandonou o time. Aquela temporada de 1975-76 foi memorável para o time de futebol da universidade. A equipe acabou classificada entre as vinte melhores do país. Ele poderia ter feito parte disso.

"É uma das coisas de que me arrependo. Não percebi a oportunidade incrível que tive – escrever uma carta para o treinador, entrar em um dos melhores times do país. Minha vida teria seguido outra direção. Estou feliz com a direção que tomou, mas teria sido diferente. Lamento não ter tentado um pouco mais antes de desistir."

Talvez não desistamos com a frequência com que deveríamos; talvez desistir seja injustamente estigmatizado. Mas também é

DESISTIR

verdade que a decisão de desistir pode nos assombrar no futuro. Pode ser que acabemos sempre nos perguntando: *e se?*

Nos anos que se seguiram, em seu papel de pai, Bannon deu bom uso à lembrança de seu momento de desistência, contou--me. Ele e sua esposa criaram três filhos e, quando algum queria largar alguma coisa – um time, um instrumento musical, um hobby –, eles conversavam. "Por causa da minha decisão de sair daquele time, era menos provável que eu os deixasse desistir. Eu trabalhava isso com eles. 'Vamos falar sobre *as razões* de você sentir isso.' Eu era mais sensível à desistência de qualquer coisa."

Bannon gostaria de ter ficado, mas outras pessoas desejam ter ido embora. Não desistir pode nos assombrar tanto quanto desistir. Em seu livro *A única história*, Julian Barnes oferece o outro lado desse cenário agridoce e mostra o que acontece quando não desistimos porque desistir é inconveniente: "Ao longo de minha vida, vi amigos não conseguirem terminar casamentos, manter negócios próprios ou inclusive tentar abrir um, tudo pela mesma razão: 'Dá muito trabalho', diziam, cansados. As distâncias são muito grandes; os horários dos trens, desfavoráveis; os de trabalho, incompatíveis; depois há a hipoteca, as crianças, o cachorro; também a propriedade conjunta das coisas. 'Eu não conseguiria dividir a coleção de discos', disse-me uma mulher que não se atrevia a terminar o casamento".

A questão não é a coleção de discos; é decidir qual é seu lugar e ter que se perguntar, pelo resto da vida, se fez a escolha certa.

* * *

O conselho do Dr. Gaurava Agarwal se resume ao seguinte: pense além da desistência.

Quando médicos entram em seu consultório e dizem que estão esgotados, que querem largar a medicina, sua primeira resposta é: "Quer desistir para fazer o quê?".

216

O que ele quer dizer com isso é: "Uma coisa é ter a ideia de que desistir vai melhorar as coisas. Mas *onde* será melhor? Esse lugar idílico cheio de cachorrinhos e arco-íris não existe". "Portanto, digo às pessoas que me procuram: 'Desistir para fazer o quê?'."

Agarwal é diretor de bem-estar médico do Hospital da Universidade Northwestern e da Escola de Medicina Northwestern. Quando os médicos estão estressados, exaustos, fartos, quase jogando o estetoscópio na lata de lixo mais próxima e indo embora, Agarwal é o cara. Ele é um psiquiatra com certificação de *coach* de liderança para profissionais da saúde.

"Eu lhes pergunto: 'Existe uma maneira de construir sua carreira aqui sem desistir?'." Isso porque, disse-me Agarwal, desistir pode parecer uma solução rápida e fácil para um problema que está crescendo há muito tempo. Mas, se o problema não apareceu em um piscar de olhos, talvez a resposta também não deva surgir dessa maneira.

"A sensação é de que a última coisa que aconteceu é a razão pela qual a pessoa quer desistir. Mas geralmente não é o caso", disse ele. "Geralmente é devido a coisas que se acumularam devagar." Mesmo o problema com aspecto mais difícil pode ser menos assustador se for discutido e desmontado, peça por peça. "Pessoas com problemas no casamento ou no trabalho me procuram e dizem: 'Cansei'. Então, nós analisamos isso. Analisamos racional e sistematicamente. Há um consenso de que as pessoas estão desistindo meio cedo demais."

E se uma médica lhe disser que ouve uma voz interior pedindo para que desista?

"Meu instinto me diz que essa voz não é tão confiável", adverte Agarwal. "E, de qualquer maneira, há outras vozes também. E talvez a pessoa deva ouvi-las."

Quando a pandemia atingiu seu auge, uma enxurrada diária de notícias relatava que profissionais da saúde estavam largando seus empregos. Mas Agarwal ressaltou que essa sempre foi uma área estressante e exigente, com ou sem pandemia. "As pessoas sentem que não é só um trabalho, é um chamado. Ouvimos muito a palavra 'resiliência'. Mas os profissionais de saúde não são resilientes, são resistentes. Quando estouram, não é por causa do último golpe. É por tudo que veio antes." Ele não acredita, porém, que o êxodo retornará a seu pico na pandemia.

Desistir pode parecer a solução perfeita, até que se leve em consideração o futuro; um futuro sem a comunidade de colegas oferecendo apoio emocional e prático. E é por isso que Agarwal tem sua resposta característica: "Parar para fazer o quê?".

Enquanto a médica sentada do outro lado da mesa estiver em busca de uma resposta, disse ele, ela não quer desistir de verdade. Mas, quando desistir parece ser a melhor saída, Agarwal concorda; ele só quer que os médicos tenham certeza de que estão tomando cuidado em fazer uma decisão ponderada; que ela não é um capricho, uma solução alimentada pela frustração de um dia ruim.

Ele não é contra a desistência em si; apenas acredita que o ato deve ser parte de uma estratégia.

* * *

Glen Worthey e sua família "acabaram na cidade" na véspera de Ano-Novo, há três anos e meio, como descreveu ele, depois de viver 22 anos em Palo Alto, Califórnia, sede da Universidade Stanford, onde era bibliotecário digital. A cidade onde foram parar foi – imagine só – Champaign, Illinois, onde os ventos gelados costumam açoitar o inverno inteiro e a neve nunca para de cair. Em outras palavras: nenhuma palmeira à vista.

"Eu cheguei à estagnação em Stanford e estava pronto para uma mudança, para uma nova aventura", contou-me. "Mas a resposta que recebia das pessoas quando descobriam que eu havia vindo de Stanford era: 'Você está *maluco*?'. Um amigo meu da pós-graduação está aqui, e ele dizia adorar o drama das estações. Achei que estava sendo metafórico, mas não. E, agora, eu também adoro."

O drama na vida de Worthey não se limitava ao boletim meteorológico. Pouco depois de começar em seu novo cargo de diretor associado de serviços de apoio à pesquisa na Universidade de Illinois, ele e a esposa se separaram.

"Eu estava hesitante a terminar o casamento", disse ele. "Aceitei um relacionamento que não era perfeito e que desceu ao nível tóxico. Mas sempre me vi como uma pessoa com uma quantidade sobre-humana de determinação." Portanto, ele demorou um pouco para decidir pela separação.

Esse afastamento em câmera lenta espelha outro semelhante no início de sua vida. Worthey foi criado na fé mórmon. "Ela estava enraizada em mim. Eu entrava de cabeça em todos os sentidos", recordou. Seu diploma de graduação é da Universidade Brigham Young. Mas, depois de voltar de uma pós-graduação na Rússia, ele percebeu uma mudança em si mesmo. "Dúvidas começaram a aparecer. Percebi que não acredito em Deus, mas levei muito tempo para me identificar como ateu."

Abandonar sua fé significava deixar não apenas um sistema de crença, mas também a vida social proporcionada pela igreja mórmon. Os membros da igreja eram uma extensão de sua família biológica; durante muito tempo, essa comunidade lhe dera conforto e identidade. Então, ele ia deixar tudo isso para trás. Amigos e entes queridos entenderam sua decisão, disse Worthey, mas ele sabia que perderia muitos aspectos familiares: costumes e rituais. Não se arrepende de ter abandonado uma igreja em cujos preceitos não acreditava mais, mas, às vezes, acha que deveria ter desistido antes e de maneira mais direta; ter cortado o vínculo com mais precisão, em vez de passar anos refletindo.

DESISTIR

Essa hesitação é típica nele, contou-me. Ele sempre se dá o tempo que acha necessário para mudar de rumo – quando consegue mudar.

"Na faculdade, eu me especializei em física, inglês e russo, porque não conseguia largar nenhum deles."

* * *

Todos nós, de tempos em tempos, fazemos parte da comunidade de desistentes.

É tranquilizador saber de outras pessoas que desistiram das mesmas coisas que nós e sobreviveram, floresceram até. É consolador fazer parte de um grupo que nem sabíamos que existia até que uma crise pessoal nos faz encontrá-lo.

Quando me deparei com a história de Margaret Renkl fiquei impressionada com a semelhança com a minha. Curiosamente, teve até o resgate do pai.

No meio de sua coleção de ensaios líricos *Late Migrations: A Natural History of Love and Loss*, encontrei uma breve lembrança sobre a época em que ela saiu de casa para fazer pós-graduação: odiara e estava infeliz, até que, certa noite, ligara para casa e o pai atendera. E...

Talvez você adivinhe o resto da história, porque é parecida com a que eu contei sobre mim na introdução. Afora o fato de que a epifania de Renkl aconteceu na Filadélfia quando ela tinha 22 anos, e a minha, aos dezenove em Morgantown, nossas experiências rimaram por um tempo: estávamos fora de nosso elemento, angustiadas e confusas, tentando fazer pós-graduação em uma cidade desconhecida.

Era desistir ou morrer.

Durante o dia, Renkl tinha que ouvir professores cínicos que diziam que a literatura não tinha sentido; mas, quando o sol se punha, era ameaçada por outras fontes.

JULIA KELLER

"A noite toda", escreveu sobre seu apartamento sujo, "ouvia o barulho dos caminhões de entrega parando no semáforo da esquina; quatro andares abaixo, estranhos murmuravam e xingavam na escuridão." Ela sentia falta da paisagem natural de sua casa no sul, do canto dos pássaros e do solo vermelho. Suponho que eu também sentisse falta das particularidades de minha casa, mas acho que não saberia expressar isso na época, como Renkly faz tão lindamente, porque eu estava entorpecida de tristeza.

Assim como eu, ela também não resistiu. Ligou para o pai, e ele disse: *Venha para casa.*

Desistir deu certo, escreveu ela, e provou ser a porta de entrada para o restante de sua vida: "Acho que a maior parte de minha felicidade, de todos esses anos com um bom homem, a família que construímos juntos e o trabalho envolvente, decorreu de uma única temporada de perda, e só porque ouvi meu pai. Porque voltei para casa".

O final feliz depois de desistir não estava garantido, claro. As coisas poderiam não ter dado certo. Ela poderia nunca ter entrado em outra pós-graduação (dessa vez, em seu amado sul) ou conhecido seu marido, ou sido abençoada com uma família maravilhosa, ou virado escritora e colunista do *New York Times.*

Renkl abandonou uma comunidade estranha – a pós-graduação na Filadélfia – e voltou para sua comunidade original, sua família, e deu tudo certo. Mas ela teve que correr o risco de que não desse. Teve que correr o risco de que um novo fracasso seguisse o primeiro.

Ao saber que Renkl pegou um avião à meia-noite e abandonou a pós-graduação, senti um grande alívio, mesmo já tendo se passado muitos anos desde meu colapso em Morgantown. Eu não havia percebido que ainda guardava em mim um fragmento de autocensura, uma pequena, mas irritante, ansiedade: *Tudo bem eu ter desistido? Eu deveria ter persistido, afinal?*

Mas, aí, li o que Renkl escreveu e fiquei exultante; alguém também havia feito o mesmo. Alguém mais ficara encolhida, tomada pelo temor, em um apartamento pequeno em uma cidade estranha, com medo de que a dor e a confusão durassem para sempre. Mas ela também desistiu. Ela se libertou. Desistir é bom; é uma resposta legítima a um SOS emocional.

* * *

Desistir é o último recurso. O canto do cisne. Cenas famosas de desistência em filmes, programas de televisão e livros se baseiam na rica ideia de que, após uma série de frustrações e indignidades cada vez maiores, enfim explodimos, rachamos, perdemos o controle, arrebentamos as amarras. Não pensamos nas consequências, porque estamos fora de controle.

Mas precisa ser tão terrível? Em seu ensaio sobre o número recorde de demissões provocadas pela pandemia em 2021 – o que ele chama de "O verão da desistência" –, Derek Thompson aponta que desistir tem um lado positivo. Tudo depende do ponto de vista: "Desistir tem uma má reputação na vida, pois está associado a pessimismo, preguiça e falta de confiança. Na economia do trabalho, porém, desistir significa o contrário: um otimismo entre os trabalhadores quanto ao futuro; uma vontade de fazer algo novo".

Argumentei, antes, que desistir pode ser uma estratégia de vida – e melhor, no longo prazo, que a perseverança –, porque nos ensina empatia. Além disso, utiliza a capacidade de sobrevivência para a qual nosso cérebro está voltado. Como, porém, isso funciona?

George A. Bonanno, psicólogo clínico e professor da Columbia University Teachers College, fez pesquisas inovadoras sobre luto e cura. Em seu último livro, *The End of Trauma: How the New Science of Resilience is Changing How We Think About PTSD*, ele explora as maneiras pelas quais as pessoas lidam com traumas emocionais profundos.

Quando li seu livro, um aspecto me chamou atenção: ele vê a desistência como um ativo.

Desistir é o passo final em uma técnica que Bonanno chama de flexibilidade de sequenciamento. É uma parte vital da gestão ativa de uma situação emocionalmente tensa. Podemos avaliar o momento e decidir se o método atual que usamos para lidar com um problema está funcionando ou não.

Você não precisa ser vítima de seu mecanismo de enfrentamento mais do que já é vítima das circunstâncias. Quando as etapas que realizou se mostrarem ineficazes, você pode alterá-las. Pode desistir e tentar outra coisa.

"A flexibilidade não é um processo passivo", escreve ele. "Durante um trauma, temos que encontrar a melhor solução, momento a momento, e reajustá-la à medida que avançamos. Em outras palavras, temos que ser flexíveis [...]. Descobrimos o que está acontecendo conosco e o que podemos fazer para administrar a situação. Há também uma etapa corretiva crucial em que determinamos se uma estratégia que escolhemos está funcionando ou [se] devemos mudar de estratégia."

Com um pouco de sorte, a maioria das pessoas nunca terá que suportar os tipos de traumas horríveis aos quais o trabalho de Bonanno tenta proporcionar algum alívio: guerra; abuso emocional, físico e sexual; acidentes desfigurantes e incapacitantes. Mas acredito que seus ensinamentos são aplicáveis a muitas questões menos profundas também.

Desistência é um recurso a ser utilizado. É uma decisão, não uma derrota. Um ponto de virada. E está disponível para nós de maneiras que estamos só começando a conhecer.

"A maioria das pessoas é resiliente", escreve Bonanno. "A maioria das pessoas deve ser flexível o suficiente para definir o comportamento certo em uma determinada situação e determinado momento, para, então, ser capaz de se engajar nesse

DESISTIR

comportamento, adaptar-se e seguir em frente." Isso implica a vontade de desistir e seguir outro caminho.

Correndo o risco de simplificar demais a técnica de Bonanno, que é cheia de camadas e nuances, ofereço um resumo dela. Depois de uma reação adversa a uma lembrança perturbadora, faça quatro perguntas a si mesmo: o que está acontecendo? O que preciso fazer? O que sou capaz de fazer? E depois de começar a fazer: está sendo eficaz?

"Quando uma estratégia não funciona, o feedback, seja de nosso corpo ou do mundo ao redor, nos diz que precisamos modificá-la ou tentar outra coisa", escreve ele. "É importante ressaltar que essas não são habilidades raras. São apenas características subestimadas da mente humana e podem ser nutridas e melhoradas." O mesmo instinto de sobrevivência compartilhado que nos leva a desistir, quando precisamos, também pode ajudar quando se trata de superar eventos debilitantes do passado. Não podemos mudar o que aconteceu, mas podemos desenvolver uma resposta a lembranças perturbadoras e situações difíceis que nos ajude a curar o trauma.

Precisamos fazer uma análise periódica, avaliar a eficácia de nossas estratégias: estamos progredindo? E estávamos no caminho certo desde o início?

* * *

A desistência é um recurso subutilizado em nossa vida. É uma ferramenta que podemos não reconhecer como tal, e sim como o ato de ceder ou fracassar. É uma fonte inexplorada de energia e inspiração, que evitamos devido a uma noção equivocada de que desistir – a menos que estejamos falando de assassinato em série, abuso de substâncias ou excesso de carboidratos – é por si uma coisa ruim. A vida de outros animais que desistem constantemente

– bem como devem fazer para se manter vivos – é a prova do valor da desistência e da diferença que desistir pode fazer.

Mas isso não significa, claro, que desistir é *sempre* uma coisa boa. Nenhum caminho único e específico é certo para todos em todas as circunstâncias. Mas, muitas vezes, a desistência é rechaçada de imediato.

E, no longo prazo, nossa aceitação acrítica do poder da perseverança nos torna mais insensíveis às injustiças do mundo. Não podemos consertar tudo, mas devemos corrigir o que *pudermos*.

* * *

Assim sendo: desistir ou não desistir?

"Não existe uma fórmula para saber quando se deve persistir ou mudar de rumo", disse-me Wendy Kaminer. "Às vezes, você precisa seguir em frente; às vezes, precisa parar."

Mas não é um julgamento fácil de fazer, porque o consenso é contra a desistência. A escolha de *não* desistir, de continuar mesmo quando não parece certo, tem uma vantagem injusta sobre a de desistir e tentar outra coisa. A perseverança nos é vendida em uma embalagem atraente, apresentada como uma força moral na marcha da civilização – como aquilo que coloca foguetes no céu, navios no oceano e vacinas em seringas –, ao passo que a desistência é equiparada à inércia, ao desleixo e ao fracasso.

No entanto, uma vez que a perseverança é despida de seus adereços, desse verniz de virtude, podemos decidir com maior clareza – como outros animais fazem e sempre fizeram, com base no que garante sua sobrevivência – nosso melhor caminho a seguir.

Portanto, espero que você se pergunte, da próxima vez que estiver em conflito sobre se deve continuar ou desistir, dar uma guinada ou manter o mesmo caminho: *Estou fazendo minha escolha com base no que acredito que serve para mim? Ou porque temo ser tachado de desistente? Estou escolhendo o que quero ou o que outra pessoa acha que é melhor para mim?*

E talvez possa fazer outra pergunta também: se fosse tachado de desistente, que mal teria? Se começarmos a ver a desistência sob uma luz diferente e deixarmos de igualá-la automaticamente ao fracasso, seu potencial, sua promessa como estratégia de vida, poderá emergir. Poderia até servir como elogio.

"Quando você desiste, está escolhendo a vida", diz Spiotta, autora de *Wayward*. "Estar vivo é dar esses saltos. Se você não consegue imaginar outra vida, está desistindo de sua obrigação de estar vivo."

* * *

Na época em que morreu, em 2020, o ator Clark Middleton provou que é possível descartar uma atitude – no caso de alguém com limitação física, ele sempre afirmava em entrevistas que a tentação era a autopiedade – tanto quanto se pode largar um emprego ou qualquer outra coisa, pois o ato de desistir pode libertar. Uma artrite idiopática juvenil deixou Middleton com graves problemas de mobilidade e uma estatura incomumente baixa, mas nada disso atrapalhou sua longa carreira de ator talentoso em filmes como *Kill Bill: Vol. 2* e séries de televisão como *Twin Peaks* e *The Blacklist*.

Falando sobre sua deficiência para um grupo de ativistas, Middleton disse uma vez: "Ao pensar na deficiência como algo que se deve combater, você quase se torna vítima dela, e ela tem poder sobre você [...]. Por isso, sugiro reformular e pensar em fazer amizade, aprender a dançar com ela".

Essa é uma ideia estimulante e relevante para a desistência: você pode pegar algo que os outros veem como fracasso ou um destino infeliz, pode concordar com eles e tratá-lo como um adversário, algo a ser rejeitado, derrotado, subjugado, ou pode aceitá-lo e criar espaço para ele, torná-lo uma parte querida de sua vida.

Você pode abraçar a desistência. Pode dançar com ela.

Pense nisso

Você vê esse desejo de desistir como um inimigo, algo que deve vencer. Mas tente imaginar a desistência como amiga e aliada, parte de uma estratégia de longo prazo, criativa e dinâmica, para uma vida cheia de possibilidades maravilhosas. Você pode desistir quantas vezes precisar, quantas vezes achar que deve. Ouça sua consciência, bem como seu coração. E prospere.

Posfácio

Uma grande verdade é uma verdade cujo oposto
é também uma grande verdade.
NIELS BOHR, FÍSICO VENCEDOR DO PRÊMIO NOBEL

A DESISTÊNCIA – ou, melhor, o não poder desistir – definiu a vida de meu pai.

James Keller fumava desde os quinze anos. Cresceu pobre em Virgínia Ocidental. Fumar, imagino, era uma das poucas maneiras de um garoto apalache conseguir aquela arrogância tão amada pelos adolescentes, independentemente do local de onde venham. Quando se tornou adulto, já com esposa e três filhos, concluiu que fumar era a grande tragédia de sua vida. Mas era tarde demais; não conseguia largar.

Eu não precisei adivinhar seu ódio por esse hábito; ele não o escondia. Quando pegou minha irmã mais velha, Cathy, então com dezesseis anos, escondida na garagem para experimentar umas baforadas de Marlboro, disse a ela, mais com tristeza que com raiva: "Preferia ver você com a mão amputada a vê-la segurando um cigarro". Ele não quis dizer isso literalmente, claro; só queria chocá-la. Como matemático, com uma mente lógica e rigorosa, meu pai não era dado a tal hipérbole, mas estava desolado devido ao que fumar havia feito com ele. E não queria vê-la seguir o mesmo caminho.

Grande parte de minha infância foi vivida à sombra da desistência. Não o conheço, leitor, mas suponho que talvez você também tenha vivido a uma sombra semelhante. Muitas pessoas passam por isso. Talvez você também tenha um pai ou outro membro da família que tentou abandonar um hábito pouco saudável. Talvez fosse fumar, no caso de sua família, ou talvez fossem álcool, drogas ilegais, violência.

* * *

Vi meu pai tentar, com uma frustração crescente no decorrer das décadas, renunciar ao cigarro. Surgiu um padrão: primeiro o ritual de jogar fora todos os maços guardados na cozinha, lugar que ele chamava de, sem a menor criatividade, "gaveta de cigarros". A seguir, dias, semanas ou, às vezes, horas depois, com um estremecimento de resignação, ele acendia o cigarro que havia guardado em um local não revelado a nós, só por precaução.

Tudo voltava ao normal. A gaveta de cigarros era reabastecida silenciosamente.

Ele nunca escondeu suas recaídas. Sempre ocorriam a céu aberto. Ele ficava envergonhado de si mesmo, sentia-se humilhado pelo que via como uma fraqueza abjeta, como uma falha de caráter – e admitia isso, todas as vezes. E foram muitas, muitas vezes. Tantas que perdi a conta. Largar e voltar, largar e voltar. E tudo de novo.

Meu pai tinha razão ao relacionar fumo com tragédia. Ele morreu de câncer de pulmão aos 51 anos no Hospital da Universidade Estadual de Ohio, cerca de nove meses depois de ter sido diagnosticado. Eu o vi dar seu último suspiro. Àquela altura, depois da quimioterapia e da radiação, ele parecia ter 81 anos, não 51.

Mas há mais na vida de meu pai além de sua incapacidade de desistir. Além de suas fracassadas tentativas de largar o cigarro para sempre. Além de seus fracassos.

Deus sabe como eu queria que ele houvesse parado de fumar, tanto por mim quanto por ele. Sinto muito sua falta. Mas também queria que ele não houvesse julgado sua vida por essa coisa terrível que não conseguia abandonar, esse hábito mortal que o dominava e não o largava. Ele era muito mais que sua dependência da nicotina. Ver James Keller dessa maneira é deixar que seu vício dê a última palavra, que escreva seu epitáfio. É dar um lugar de destaque a algo que ele desprezava.

Acho que é melhor relembrar a vida que ele viveu entre suas intermináveis tentativas de desistir: encestando bolas comigo na cesta que tínhamos na garagem; construindo um deque nos fundos da casa porque, como Willy Loman em *A morte de um caixeiro-viajante*, "ele se tornava um homem feliz mexendo com cimento"; ajudando a mim, minhas irmãs e meus primos com a lição de matemática. É isso que eu quero lembrar.

Outros familiares meus também enfrentam problemas de dependência, e quero o mesmo para eles e para qualquer pessoa que viva com esses demônios. Quero que sejam conhecidas pelo bom coração que têm, não por seus maus hábitos. Por seus dons, não por suas graves deficiências. Se eu gostaria que eles vencessem esse apetite voraz por substâncias que os prejudicam? Claro que sim. Mas não depende de mim. Apesar do tanto que amamos ou somos amados, as batalhas mais importantes são aquelas que travamos sozinhos.

Afinal, a vida de ninguém – nem a de meu pai, a minha, a sua, nem a das pessoas que você ama – deve ser resumida pelo que não venceu, pelas adversidades que não conseguiu superar, pelos desafios que não pôde encarar. Todos nós merecemos coisa melhor. Porque a maioria das pessoas faz o melhor que pode. Deus sabe que tropeçamos, fracassamos, mas tentamos. Eu sei que meu pai tentou.

* * *

Passei este livro argumentando que desistir é bom. Como, então, também posso afirmar que desistir é *ruim*; que gostaria

DESISTIR

que meu pai não houvesse feito da desistência o foco de sua vida? Que gostaria que ele houvesse desistido? Que gostaria que todos nós pudéssemos desistir de desistir também? Isso não é uma contradição?

Sim, mas tudo bem. Como o neurocientista David J. Linden aponta em um ensaio esclarecedor sobre seu diagnóstico de câncer terminal, nossa mente é plenamente capaz de equilibrar conceitos exclusivos: "É possível, fácil até, ocupar dois estados mentais aparentemente contraditórios ao mesmo tempo [...]. Isso contraria uma ideia antiga da neurociência, que diz que ocupamos um estado mental de cada vez: ou somos curiosos ou temerosos, ou 'lutamos ou fugimos' [...] com base em alguma modulação geral do sistema nervoso. Mas nosso cérebro humano tem mais nuances que isso, portanto, podemos facilmente habitar estados cognitivos e emocionais múltiplos, complexos e até contraditórios".

Podemos acreditar que deixar de fumar é uma força positiva no mundo, que deixar de beber em excesso ou consumir alimentos pouco saudáveis (é o bolo mármore, não o Marlboro, que constitui meu desafio de desistência) é exemplar; e podemos acreditar simultaneamente que deixar de fumar é uma força negativa, que não devemos nos preocupar com isso, não devemos nos martirizar pelas coisas que não podemos superar por mais que tentemos.

É por isso que espero que, um dia, possamos quebrar o estigma da desistência em ambas as direções. Não somos pessoas horríveis quando não conseguimos abandonar um comportamento que deveríamos largar. E não somos heróis quando conseguimos desistir – de um emprego que não está dando certo, por exemplo, ou um relacionamento que azedou. Pode ser bom desistir de algo se você quiser, se acreditar que isso o fará mais feliz, mais saudável, ou ambos. Mas é só isso: uma coisa boa. Uma entre muitas. E é provável que precisemos repetir tentativas ao longo da vida.

* * *

Eu gostaria que meu pai não houvesse se censurado por não conseguir largar o cigarro. Gostaria que a questão da desistência não o houvesse assombrado tanto, porque ele era um homem de muitas partes – claro, nem todas positivas. Ele tinha um temperamento explosivo, mas tentava resolver isso. Quando se irritava, chegava a ser cortante e sarcástico; isso também era algo que ele queria mudar. Ele amava, entre muitas paixões, os Green Bay Packers; música country; caju colhido direto do vaso, regado com Coca-Cola Zero; e a beleza intrincada e sedutora do cálculo.

Essas eram as coisas que realmente o definiam. Não a desistência. E não o fato de ele ter desistido de desistir repetidamente e se enxergado como um fracasso por isso. Ele não parou de fumar e não largou o emprego na faculdade de matemática, apesar de ser muito mal pago e ter seus grandes talentos como professor ignorados. Ele queria sair, mas nunca achava que era a hora certa.

Até que não houve mais tempo.

Eu queria que ele houvesse conseguido largar ambos, o cigarro e o emprego. Abandonar o primeiro lhe daria uma vida mais longa. Desistir do segundo lhe teria permitido lecionar em outra universidade e conquistar o respeito e as recompensas materiais que seu trabalho merecia.

* * *

Às vezes, conseguimos nos livrar do jugo de um vício ou de um comportamento. Às vezes não. Isso não faz de nós pessoas más, egoístas ou burras. Isso nos torna humanos. E uma parte essencial de nossa humanidade é a capacidade de reconhecer o que está fora

DESISTIR

do controle de qualquer pessoa, o que é determinado pela herança genética e pelo acaso, ou o que é para sempre inatingível, mesmo com ajuda de afirmações positivas ou de um *smartwatch*.

A única coisa que *podemos* controlar é o perdão: perdoar a nós mesmos e aos outros por nem sempre acertar. E por fracassar. Porque vamos fracassar. Vamos fracassar e desistir das coisas de novo e de novo. Vamos desistir de coisas grandes – como relatou Bessel van der Kolk, mais de três quartos das pessoas que começam programas de reabilitação de drogas e álcool desistem – e de coisas pequenas. Por mais que tentemos, não seremos os amigos, parceiros, pais ou vizinhos que esperamos ser. Vamos desistir.

Mas esse não é o fim da história. É só o *começo*. O começo da verdadeira história, aquela sobre empatia e compreensão.

E talvez, um dia, cheguemos ao fim de nosso esforço furioso e muitas vezes fútil, ao fim do empenho para tentar nos refazer segundo alguma ideia abstrata do que é desejável e legal. Vamos desistir de tudo isso. Seremos gratos pela dádiva que são nossas contradições, pelos momentos em que a vida exige que sejamos flexíveis, abandonemos o que provavelmente nunca se tornará realidade e abracemos a beleza oblíqua do saber ceder.

Este livro é dedicado à minha sobrinha, Annie Kate Goodwin, que teve que aprender a fazer tudo isso. Nascida e criada no Centro-Oeste, seu sonho era morar na Califórnia. Depois de se formar em direito, conseguiu o emprego dos sonhos em São Francisco. Ela e o marido foram para o Oeste. Três meses depois, ela foi diagnosticada com leucemia. Ela voltou para Ohio para se tratar e faleceu em 12 de setembro de 2019. Tinha 33 anos.

Durante sua doença, Annie Kate teve que ajustar radicalmente suas expectativas. Teve que desistir de planos que havia feito e fazer outros. Mas um sonho modificado não é necessariamente um sonho menor. E uma vida curta não precisa ser uma vida sem alegria e significado. Uma vida de qualquer duração pode ser completa e bela. Adoro as palavras de Elliot Dallen, um britânico que escreveu ensaios para o *Guardian* nos meses anteriores à sua morte, em 2020, por carcinoma adrenocortical, aos 31 anos: "Uma vida, se bem vivida, é longa o bastante".

No final, tudo que Annie Kate queria fazer teve que ser compactado em um intervalo brutalmente breve – desde dizer às pessoas que amava quanto elas significavam para ela até falar sobre os artistas cujo trabalho sempre a cativara, de Dostoiévski a Lady Gaga. E então, acabou sua vida curta e extraordinária, uma vida que não deve ser medida em termos de tarefas deixadas por fazer ou estradas não percorridas, e sim pelo mesmo cálculo simples que deve ser aplicado à vida de todos, quer vivamos até os 33 ou os 103 anos: a intensidade da paixão com que mergulhamos em cada experiência, abandonamos o velho e abraçamos o novo.

Agradecimentos

PARA COM OS AMIGOS que ajudaram nos estágios iniciais deste livro, fazendo *brainstorming* comigo quando era só uma centelha em minha mente, tenho uma cálida dívida de gratidão. Aqui vão: Joseph Hallinan, Patrick Reardon, Susan Phillips, Frank Donoghue, Suzanne Hyers, Mike Conklin, Marja Mills, Don Pierson, Lisa Keller, Robert Schmuhl, Clairan Ferrono, Elizabeth Berg, Cathy Dougherty, Carolyn Focht e Lisa Knox.

Estou em dívida também com as dezenas de pessoas que generosamente compartilharam comigo suas histórias e com os cientistas e acadêmicos que suportaram minhas intermináveis perguntas com boa vontade. Para meu pesar, a pandemia fez com que a maioria dessas entrevistas tivesse que ser realizada por e-mail, telefone ou Zoom, e não cara a cara. Sou grata pelo esforço que essas pessoas tão ocupadas fizeram para atender aos meus pedidos. Quaisquer erros são minha culpa, não delas.

Minha editora, Hannah Robinson, entendeu este livro desde o início. Ela colocou nele sua sagacidade, seu conhecimento inigualável da cultura pop e muita paciência com uma escritora obstinada.

Notas

"Você não pode traçar linhas": Rohinton Mistry, *A Fine Balance* [*Um delicado equilíbrio*, título no Brasil], pp. 228-229.

"Não importa quão longe já tenha ido": provérbio citado em *Speak, Okinawa: A Memoir*, de Elizabeth Miki Brina, p. 1.

Introdução

"Ao não fazer nada, não mudamos nada": John LeCarre, *The Russia House* [*A casa da Rússia*, título no Brasil] (Nova York: Knopf, 1989), p. 121.

"Quando os cientistas testam de novo as ideias de outra pessoa": Tim Birkhead, *Bird Sense: What It's Like to Be A Bird* (Nova York: Walker & Co., 2012), p. xvii.

"Tratar a coragem como virtude": conversa por e-mail entre a autora e o Dr. Adam Grant, 9 de outubro de 2021. Todas as citações são dessa entrevista, salvo indicação em contrário.

"Desde o movimento Tang Ping na China": Charlie Tyson, "The New Neurasthenia: How Burnout Became the Buzzword of the Moment", *TheBaffler.com*, 15 de março de 2022.

Em um ensaio de 2021: Cassady Rosenblum, "Work Is a False Idol", *The New York Times*, 22 de agosto de 2021.

"De repente, falar de perseverança": Daniel T. Willingham, "Ask the Cognitive Scientist: 'Grit' is Trendy, but Can it Be Taught?", *American Educator*, verão de 2016, p. 28.

Nos primeiros oito meses de 2021: Patricia Kelly Yeo, "'An Unbelievable Sense of Freedom': Why Americans Are Quitting in Record Numbers", *Guardian.com*, 2 de novembro de 2021.

"Ninguém fora de seu círculo íntimo": Emma Kemp, "Ash Barty Announces Shock Retirement from Tennis at 25", *Guardian.com*, 22 de março de 2022.

"Os estadunidenses muitas vezes demonizam a desistência": Lindsay Crouse, "Don't Be Afraid to Quit. It Could Help You Win", *The New York Times.com*, 11 de agosto de 2021.

"Sinceramente, acho que a ideia de desistir": conversa por e-mail entre a autora e Amy Dickinson, 5 de novembro de 2021.

Nos Estados Unidos, mais de um quarto de todos os alunos: Matt Krupnick, "More College Students Are Dropping Out During Covid. It Could Get Worse", *Guardian.com*, 10 de fevereiro de 2022.

Parte Um

"Há um ponto em que a perseverança": Benjamin Wood, *The Ecliptic* (Londres: Scribner, 2015), p. 182.

Capítulo 1

"A determinação equivocada é a pior": John A. List, conversa telefônica com a autora, 11 de março de 2022.

"Em termos biológicos, a perseverança": conversa telefônica com a autora, 22 de agosto de 2021.

"Quando os tempos estão difíceis": Jonathan Weiner, *The Beak of the Finch* [*O bico do tentilhão*, título no Brasil] (Nova York: Vintage, 1995), p. 63.

"É muito tempo para um pássaro": Weiner, p. 60.

"redes exploratórias feitas de veias semelhantes a tentáculos": Merlin Sheldrake, *Entangled Life: How Fungi Make Our Worlds, Change Our Minds & Shape Our Futures* [*A trama da vida: como os fungos constroem o mundo*, título no Brasil] (Nova York: Random House, 2020), p. 15.

"plantas e animais parecem, intrínseca e quase": Jerry Coyne, *Why Evolution is True* [*Por que a evolução é uma verdade*, título no Brasil] (Nova York: Penguin Books, 2009), p. 1.

Entre os experimentos desenhados para testar: Jennifer Ackerman, *The Genius of Birds* [*A inteligência das aves*, título no Brasil] (Nova York: Penguin, 2016), pp. 20-37.

"Minhas fantasias sobre me demitir se tornaram mais vívidas": Katie Heaney, "The Clock-Out Cure: For Those Who Can Afford It, Quitting Has Become the Ultimate Form of Self-Care", *nymag.com*, 11 de maio de 2021.

"Sem o reforço visual da carne": Ackerman, p. 85-6.

"não oferecem nenhum benefício direto": Ackerman, p. 177.

"Os machos mais inteligentes [...] descobriram rapidamente": Ackerman, p. 182.

"Quanto mais aprendemos sobre plantas e animais": Coyne, *Why Evolution is True* [*Por que a evolução é verdade*, título no Brasil], p. 3.

"'Eu não estava fisicamente capaz'": Simone Biles, citada por Camonghne Felix, "Simone Biles Chose Herself", *nymag.com*, 27 de setembro de 2021.

"Comer e não ser comido": Justin O. Schmidt, conversa telefônica com a autora, 23 de agosto de 2021.

Seus experimentos, cujos resultados ele publicou em 2020: J. O. Schmidt, "Decision Making in Honeybees: a Time to Live, a Time to Die?", *Insectes Sociaux*, 6 de abril de 2020. Publicado pela International Union for the Study of Social Insects por Birkhauser Verlag.

"As abelhas precisam tomar decisões de vida ou morte com base em avaliações": Schmidt, conversa com a autora.

"Eu não queria desistir. Foi muito estranho": Lynne Cox, *Swimming to Antarctica: Tales of a Long-Distance Swimmer* (Nova York: Harcourt, 2004), p. 119.

"nosso corpo é *projetado* para nos dizer quando desistir: Robert Sapolsky, *Why Zebras Don't Get Ulcers* [*Por que as zebras não têm úlceras*, título no Brasil] (Nova York: WH Freeman, 1998), pp. 4-16.

"o trabalho mais importante do cérebro é garantir nossa so-brevivência": Bessel van der Kolk, *The Body Keeps the Score: Brain, Mind, and Body In the Healing of Trauma* [*O corpo guarda as marcas: cérebro, mente e corpo na cura do trauma*, título no Brasil] (Nova York: Penguin, 2014), p. 55.

"Quando decidi me divorciar": Jody Alyn, conversa telefônica com a autora, 11 de novembro de 2021.

"Eu tinha que ir embora. Não podia continuar fazendo as mesmas coisas": Christine Sneed, conversa telefônica com a autora, 11 de agosto de 2021.

"vem a nós da mesma forma que para os pássaros": Emily Nagoski e Amelia Nagoski, *Burnout: The Secret to Unlocking the Stress Cycle* [*Burnout: o segredo para romper com o ciclo de estresse*, título no Brasil] (Nova York: Ballantine, 2019), p. 47.

"Vivemos em uma cultura que valoriza autocontrole, determinação e perseverança": Ibid.

Capítulo 2

"Eu pesquisei, e isso pode acontecer": Jackson Browne, citado por Jim Farber, "I Think Desire is the Last Domino to Fall", *guardian.com*, 13 de julho de 2021.

"Você pode apresentar a narrativa como uma mudança heroica": Todd Parker, conversa telefônica com a autora, 24 de agosto de 2021.

"Para os humanos, há muitas maneiras de abandonar comportamentos": Misha Ahrens, conversa telefônica com a autora, 25 de outubro de 2021. Todas as citações são dessa entrevista, salvo indicação em contrário.

"Os princípios operacionais básicos": Florian Engert, citado por Ariel Sabar em "How a Transparent Fish May Help Decode the Brain", *Smithsonian Magazine*, julho de 2015.

Isso permitia que "observassem o que *alimentava* a atividade neural": Van der Kolk, p. 39-40.

"Os neurônios – influenciados por genes, pelo ambiente": Michael Bruchas, conversa telefônica com a autora, 2 de setembro de 2021. Todas as citações são dessa entrevista, salvo indicação em contrário.

"As células trocam mensagens na forma de pulsos elétricos": Sabar, *How a Transparent Fish May Help Decode the Brain*.

"Para ler a mente dos filhotes de peixe-zebra": Ibid.

Mas, agora, os cientistas acreditam que elas: Elena Renken, "Glial Brain Cells, Long in Neurons' Shadow, Reveal Hidden Powers", *quanta.com*, 27 de janeiro de 2020.

Um relatório sobre o experimento foi publicado em 2019: Ahrens, et al., "Glia Accumulate Evidence that Actions are Futil and Suppress Unsuccessful Behavior", *Cell*, 27 de junho de 2019.

"Decidi que entenderia a teoria de Einstein": Jeremy Bernstein, "Childe Bernstein to Relativity Came", *My Einstein* (Nova York: Pantheon, 2006), pp. 156-7.

Em 2019, Bruchas e sua equipe relataram um avanço: "Researchers Discover the Science Behind Giving Up", *UW Medicine Newsroom*, 25 de julho de 2019.

"Para que o cérebro saiba se deve mudar": Thilo Womelsdorf, conversa telefônica com a autora, 2 de setembro de 2012. Todas as citações são dessa entrevista, salvo indicação em contrário.

"Esses neurônios parecem ajudar os circuitos cerebrais": Kianoush Banaie Boroujeni, citado por Marissa Shapiro em "Neuroscientists at Vanderbilt Identify the Brain Cells that Help Humans Adapt to Change", *Vanderbilt University Research News*, 15 de julho de 2020.

"Às vezes somos, de fato": Sapolsky, *Behave: The Biology of Humans at Our Best and Worst* [Comporte-se: a biologia humana em nosso melhor e pior, título no Brasil] (Nova York: Penguin, 2017), p. 11.

"o ambiente social interage": Van der Kolk, p. 35.

"A cultura é como o giz e o calcário": Bernd Heinrich, *Life Everlasting: The Animal Way of Death* (Nova York: Houghton Mifflin Harcourt, 2012), p. 171.

Capítulo 3

"Será meio confuso": Nora Ephron, discurso de formatura de 1996 na Universidade de Wellesley, Arquivos *wellesley.edu*.

"A arte convida à identificação": Mathew Specktor, *Always Crashing in the Same Car: On Art, Crisis & Los Angeles, California* (Portland, Ore.: Tin House, 2021), p. 207.

"Acredito que arte e vida": Specktor, p. 213-14.

"Existe uma razão": Emily Zemler, conversa por e-mail com a autora, 16 de fevereiro de 2022.

"Acho que a maioria das pessoas subestima": Dr. Devon Price, conversa por e-mail com a autora, 25 de maio de 2022.

"A personagem que interpretei [em *The Colbys*] foi Constance": Barbara Stanwyck, em carta datada de 24 de outubro de 1986 para estudantes de cinema da Universidade de Wyoming. Reproduzido com permissão do American Heritage Center dessa universidade.

"*Desistir* é uma palavra negativa": Dana Spiotta, conversa telefônica com a autora, 7 de janeiro de 2022.

"Nossa história de desistência – ou seja": Adam Philips, "On Giving Up". *London Review of Books*, 6 de janeiro de 2022.

Em *La Traviata*, de Verdi, Violetta desiste: Roger Pines, conversa por e-mail com a autora, 16 de janeiro de 2022.

"Quando eu tinha dezoito anos, pensei: 'Não vou mais tocar'": Diane Casey, conversa telefônica com a autora, 22 de abril de 2022.

"Não somos apenas o produto de nossos genes": Heinrich, *Life Everlasting*, p. 194.

"Muito parecida com os romances de Horatio Alger do passado": Price, *Laziness Does Not Exist* (Nova York: Atria, 2021), p. 27.

"Quando estrelas de enorme sucesso atribuem sua boa sorte":
Price, pp. 29-30.

Capítulo 4

"Você conhece o clichê": Stephen J. Dubner, podcast *Freakonomics Radio*, 30 de setembro de 2011.

"Foi, definitivamente, uma época muito sombria": Heather Stone, conversa por telefone com a autora, 21 de novembro de 2021.

"Ele inventou o mercado de autoajuda na hora certa": Dr. Peter Sinnema, conversa telefônica com a autora, 24 de setembro de 2021.

"santo padroeiro do movimento da autoajuda": Walter Isaacson, *Benjamin Franklin: An American Life* [*Benjamin Franklin: uma vida americana*, título no Brasil] (Nova York: Simon & Schuster, 2003), p. 484.

"Ele afastou uns papéis sobre a mesa e suspirou": Pam Houston, *Deep Creek: Finding Hope in the High Country* (Nova York: WWNorton, 2019), p. 36.

"rainha reinante do mundo do *coaching* de vida": Rachel Monroe, "I'm a Life Coach, You're a Life Coach: the Rise of an Unregulated Industry", *guardian.com*, 6 de outubro de 2021.

"Nossa cultura está imbuída da crença": Julia Samuels, *Grief Works: Stories of Life, Death, and Surviving* (Nova York: Simon & Schuster, 2017), p. xxiv.

"Somos um povo voltado para o futuro": Sharon O'Brien, introdução a *My Antonia* [*Minha Antonia*, título no Brasil], de Willa Cather (Nova York: Penguin, 1994), pp. viii-ix.

"individualismo heroico": Brad Stuhlberg, *Groundedness: A Transformative Path To Success That Feeds – Not Crushes – Your Soul* (Nova York: Portfolio, 2021), p. 10.

"Na manhã de 6 de abril de 2007, eu estava deitada no chão": Arianna Huffington, *Thrive: The Third Metric to Redefining Success* and Creation a New Life of Well-Being, Wisdom, and Wonder (Nova York: Harmony Books, 2015), p. 1.

"Existem todos os tipos de painéis de controle externos na vida": Stuhlberg, conversa por e-mail com a autora, 10 de novembro de 2021.

"A menos que alguém minta para si mesmo, a vida é um viveiro de fracassos": Matthew Specktor, entrevista em *themillions.com*, 13 de junho de 2021.

"Os homens devem, necessariamente, ser os agentes ativos": Samuel Smiles, *Autoajuda*, p. 18. Muitas reimpressões contemporâneas da edição de 1859 estão disponíveis para impressão sob demanda.

"A estrada do bem-estar humano": Smiles, p. 51.

"Críticos da autoajuda": Anna Katharina Schaffner, "Top 10 Books About Self-Improvement", *guardian.com*, 29 de dezembro de 2021.

"As pessoas andam confusas por aí": Wendy Kaminer, conversa telefônica com a autora, 30 de novembro de 2021.

"Sonhadores práticos não desistem!": Napoleon Hill, *Think and Grow Rich* [*Pense e enriqueça* ou *Quem pensa enriquece*, títulos de edições brasileiras] (Nova York: Fawcett Crest, 1960), p. 38.

"Pensamentos que são mesclados com qualquer emoção": Hill, p. 53.

"Nenhum homem é vencido enquanto não desistir em sua própria mente": Hill, p. 103.

"A maioria das pessoas está pronta para lançar ao mar seus objetivos": Hill, p. 151.

"Quem não é persistente": Hill, p. 155.

"Indiferença, geralmente refletida na prontidão": Hill, p. 158.

"Acredite em você!": Norman Vincent Peale, *The Power of Positive Thinking* [*O poder do pensamento positivo*, título no Brasil] (Nova York: Fawcett Crest, 1952), p. 13.

"Era uma porcaria": Paul Peterson, conversa telefônica com a autora, 30 de novembro de 2021.

"Toda minha vida foi uma busca da alma": Ron Rhoden, conversa com a autora, 3 de novembro de 2021.

"Toda vez que desisti de algo": Rick McVey, conversa telefônica com a autora, 8 de setembro de 2021.

Capítulo 5

"A aleatoriedade fundamental é insuportável": Anton Zeilinger, "Einstein and Absolute Reality", *My Einstein*, p. 127.

"Eu nunca havia entrado em um abrigo de animais": Sharon Harvey, conversa por telefone com a autora, 14 de setembro de 2021.

"aquele misterioso milagre do acaso": Thomas Wolfe, *Look Homeward, Angel* (Nova York: Scribner, 1929), p. 5.

"uma limitação intrigante de nossa mente": Dr. Daniel Kahneman, *Thinking, Fast and Slow* [*Rápido e devagar, duas formas de pensar*, título no Brasil] (Nova York: Farrar, Strauss e Giroux, 2011), p. 14.

"Ter metas de longo prazo ajuda, mas o que é realmente necessário": Dan Cnossen, citado por Dave Sheinin em "A Wounded Warrior's grueling path to Paralympic gold", *Washingtonpost.com*, 4 de março de 2022.

"A lição que aprendi é que nem sempre temos controle": Michele Weldon, conversa telefônica com a autora, 7 de setembro de 2021.

"Em resumo, meu pai abandonou nossa família": Dickinson.

"Eu estava em negação": Christine Broquet, conversa telefônica com a autora, 28 de julho de 2021.

"E eu forneci todas as matérias e chamadas": Howard Berkes, conversa por e-mail com a autora, 16 de janeiro de 2022.

"Vejo minha vida como aquilo que os franceses chamam de": Alex Vadukul, "Justus Rosenberg, Beloved Professor With a Heroic Past, Dies at 100", *nytimes.com*, 17 de novembro de 2021.

"Se ele estivesse a poucos metros de onde estava": George F. Will, "The Goodness of Bob Dole", *washingtonpost.com*, 5 de dezembro de 2021.

Capítulo 6

"O outro lado da positividade": Barbara Ehrenreich, *Bright-Sided: How the Relentless Promotion of Positive Thinking Has Undermined America* [*Sorria: como a promoção incansável do pensamento positivo enfraqueceu a América*, título no Brasil] (Nova York: Metropolitan Books, 2009), p. 8.

"A história do incêndio no Bronx": Ross Barkan, "Why is New York City's Mayor Blaming Tenants for the Deadliest Fire in a Century?", *guardian.com*, 13 de janeiro de 2022.

"Livros de autoaperfeiçoamento não funcionam": Dr. Micki McGee, entrevista por telefone com a autora, 19 de dezembro de 2021.

"O ideal de sucesso individual": Micki McGee, *Self-Help Inc., Makeover Culture in American Life* (Nova York: Oxford University Press, 2005), p. 13.

"O ano passado [foi] o melhor momento da história": Eli Saslow, "The Moral Calculations of a Billionaire", *washingotnpost.com*, 30 de janeiro de 2022.

"Ela está na mesma categoria que": Philip Martin, conversa por e-mail com a autora, 26 de maio de 2022.

"Era constrangedor": Joe Rodriguez, conversa por e-mail com a autora, 3 de setembro de 2021.

"Grande parte do conceito de autoajuda faz de *nós*": Wendy Simonds, entrevista por telefone com a autora, 17 de setembro de 2021.

"Vício em drogas e alcoolismo": Jennifer Haigh, *Mercy Street* (Nova York: Ecco, 2022), p. 7.

"As culturas são transformadas não deliberada ou programaticamente": Louis Menand, *The Free World: Art and Thought in the Cold War* (Nova York: Farrar, Straus and Giroux, 2021), p. xiii.

Capítulo 7

Um jornalista lhe perguntou: "Poder competir foi": Kyle Porter, "2022 Masters: A Legend Who Only Defined Success as Victory, Tiger Woods Inspires by Refusing to Stop Competing", *CBSSports.com*, 10 de abril de 2022.

"Nunca tomei uma decisão do tipo": Paula Cocozza, "A New Start After 60: 'I Became a Psychotherapist at 69 and Found my Calling'", *guardian.com*, 7 de março de 2022.

"É preciso lutar contra esse pensamento binário": Leidy Klotz, entrevista por telefone com a autora, 8 de dezembro de 2021.

"Eu estava no escritório de meu chefe levando bronca": Lori Radar-Day, entrevista por telefone com a autora, 30 de junho de 2021.

"É difícil ser eu": Dave Allen, entrevista por telefone com a autora, 20 de outubro de 2021.

"Mas e se abrigassem um desejo secreto de desistir": David W. Chen, "A Champion Swimmer Found a New Life On the Rocks", *Nytimes.com*, 18 de agosto de 2021.

"Quando eu era pequeno, meus pais viravam de costas": Franklin Foer, *How Soccer Explains the World* [*Como o futebol explica o mundo: um olhar inesperado sobre a globalização*, título no Brasil] (Nova York: Harper, 2004), p. 1.

"Contadas em retrospectiva pela mídia popular": David Epstein, *Why Generalists Triumph in a Specialized World* [*Por que os generalistas vencem em um mundo de especialistas*, título no Brasil] (Nova York: Riverhead, 2019), p. 287.

"descobriram que as pessoas que mudam de emprego com mais frequência": Derek Thompson, "Hot Streaks in Your Career Don't Happen by Accident", *Atlantic.com*, 1 de novembro de 2021.

"é o exemplo absoluto de agilidade cognitiva": Edward Gray, conversa telefônica com a autora, 21 de outubro de 2021.

"Steve o incentivou a pensar": Katharine Q. Seelye, "Greg Steltenpohl, Pioneer in Plant-Based Drinks, Dies at 66", *nytimes.com*, 19 de março de 2021.

"zombarias, sibilos e vaias": Leon Edel, *Henry James* (Nova York, Harper & Row, 1985), p. 420.

"É mesquinho de minha parte me importar com a prioridade": Janet Browne, *Charles Darwin: The Power of Place* [*Charles Darwin: o poder do lugar*] (Princeton, NJ: Princeton University Press, 2002), p. 38.

"Sinto-me bastante prostrado e não posso fazer nada": Browne, p. 37.

"Durante muito tempo, Darwin viveu amarrado": Browne, p. 48.

"uma obra de arte imperecível": Browne, p. 55.

Capítulo 8

"A desistência estratégica é o segredo das empresas de sucesso": Seth Godin, *CBS Sunday Morning*, 5 de maio de 2019.

"Não era isso o que eu almejava": Rachel Maddow, entrevista com David Smith, *guardian.com*, 2 de fevereiro de 2022.

"Lembro que, na recessão de 2008": Betsy Stevenson, transcrição, podcast *The Ezra Klein Show*, 18 de junho de 2021, p. 3.

"Comecei a ser ignorada": Lucinda Hahn, entrevista por telefone com a autora, 22 de dezembro de 2021.

a última grande aventura: descrita detalhadamente em Edmund Morris, *Edison* (Nova York: Random House, 2019), p. 53-82.

"Ele era incapaz de passar por um canteiro de plantas": Morris, p. 53.

"não é uma progressão direta": Guy Dove, conversa telefônica com a autora, 2 de fevereiro de 2022.

"Em minha opinião, não desistimos o suficiente": John A. List, conversa por telefone com a autora, 11 de março de 2022.

"Ele fez todo mundo ver": Eliot Brown e Maureen Farrell, *The Cult of We: WeWork, Adam Neumann, and the Great Startup Delusion* (Nova York: Crown, 221), p. 337-8.

"Já ouvi isso inúmeras vezes": Grant, conversa por e-mail com a autora, 9 de outubro de 2021.

"É uma luta imensa": Ruth Sternberg, conversa telefônica com a autora, 13 de agosto de 2021.

"Escolher a dor intensa, mas breve": List, *The Voltage Effect: How to Make Good Ideas Great and Great Ideas Scale* (Nova York: Currency, 2022), p. 200.

"Agora, não me arrependo de nenhuma desistência": Jack Zimmerman, conversa por telefone com a autora, 30 de agosto de 2021.

"é melhor ir às cegas": Mike e Lesli Mautz, conversa com a autora, 7 de novembro de 2021.

"Estou bastante esgotado": Morris, p. 166-67.

produzir uma nova invenção a cada onze dias durante quarenta anos: Morris, p. 272.

Capítulo 9

"Espero que você viva uma vida": citação muitas vezes atribuída erroneamente a F. Scott Fitzgerald, mas não aparece em suas obras e a maioria das pessoas concorda que foi escrita por Eric Roth, roteirista da adaptação de 2008 do conto de Fitzgerald "O curioso caso de Benjamin Button". A Biblioteca Pública de Falmouth, em Falmouth, Massachusetts, publicou um texto em seu blog em 2011 sobre essa atribuição incorreta e continua atualizando-o. O título é "The Curious Case of Misquotation". Essas atualizações, de vários anos, são uma leitura divertida.

"Ninguém de minha família é Ph.D.": Stephany Rose Spaulding, conversa telefônica com a autora, 23 de novembro de 2021.

"Há uma diferença entre escolher parar e *desistir*": Kristen Dieffenbach, conversa por telefone com a autora, 10 de novembro de 2021.

"Eu estava escrevendo uma matéria na redação": Robin Yocum, conversa com a autora, 28 de setembro de 2021.

"Meu marido, eu e nosso filho de cinco anos": Bonnie Miller Rubin, conversa telefônica com a autora, 10 de agosto de 2021.

"Fiquei exultante!": Heidi Stevens, conversa telefônica com a autora, 20 de novembro de 2021.

"Ela me apoiava quando eu fazia ginástica": June Stevens, conversa telefônica com a autora, 27 de dezembro de 2021.

"um vizinho ia para lá todos os dias": Lewis Hanes, conversa com a autora, 28 de novembro de 2021.

"Foi uma noite tensa sentada à mesa de jantar": Lara Weber, conversa telefônica com a autora, 19 de agosto de 2021.

"Tomar decisões é difícil": Eric J. Johnson, *The Elements of Choice: Why the Way We Decide Matters* (Nova York: Riverhead, 2021), p. 291.

"Muitas das minhas decisões eu considero": Johnson, conversa por telefone com a autora, 16 de dezembro de 2021.

"Demorou um pouco para eu decidir": Susan Warren, conversa por telefone com a autora, 30 de dezembro de 2021.

"Nunca acreditei em deixar alguém sofrer para realizar uma tarefa": Marge Galloway, conversa com a autora, 25 de setembro de 2021.

"Eles se banhavam quando o riacho": Gail Hetzler, conversa com a autora, 12 de outubro de 2021.

Capítulo 10

"Visibilidade, nos dias de hoje": Michaela Coel, citada em "The Quietest Emmy Speech Was the Loudest", de Shirley Li, *Atlantic. com*, 20 de setembro de 2021.

"**Quando uma estratégia não funciona**": Bonanno, p. 215.

"**Não existe uma fórmula para saber**": Kaminer, conversa telefônica com a autora, 30 de novembro de 2021.

"**Quando você desiste, está escolhendo a vida**": Spiotta, conversa telefônica com a autora, 7 de janeiro de 2022.

"**Ao pensar na deficiência como algo que se deve combater**": Clark Middleton. Esses comentários são de um vídeo que Middletown fez para a Arthritis Foundation: <*blog.arthritis.org/living-with-arthritis/life-legacy-clark-middleton*>

Posfácio

"**Uma grande verdade é uma verdade**": Niels Bohr, citado em *Coming of Age in the Milky Way* por Timothy Ferris (Nova York: William Morrow), 1988, p. 381.

"**ele se tornava um homem feliz**": Arthur Miller, "Death of a Salesman" [*A morte de um caixeiro-viajante*, título no Brasil], *The Portable Arthur Miller* (Nova York: Viking, 1971), p. 132.

"**Uma vida, se bem vivida**": Elliot Dallen, "At 31, I Have Just Weeks to Live. Here's What I Want to Pass On", *guardian.com,* 7 de setembro de 2020.

"Girl, Wash Your Timeline": Katherine Rosman, *Nytimes.com*, 29 de abril de 2021.

"Hoje, um único deslize": Cathy O'Neil, *The Shame Machine: Who Profits in the New Age of Humilhation* (Nova York: Crown, 2022), pp. 96-7.

Quit-Tok: Sean Sanders e Jessica Mendoza, "'Quit-Tok': The Great Resignation Hits Social Media", *Goodmorningamerica.com*, 9 de dezembro de 2021.

"Eu nunca comecei nada": Ashley Owusu, citado em "Brendan Frese Downplays High-Profile Transfers, Restocks Maryland's Roster", de Kareem Copeland, *washingtonpost.com*, 13 de maio de 2022.

"As redes sociais permitem que as identidades": Aaron Balick, conversa por e-mail com a autora, 28 de fevereiro de 2022.

"Estou aqui, hoje, porque acredito": Dan Milmo, "Frances Haugen Takes on Facebook: the Making of a Modern US Hero". *guardian.com*, 10 de outubro de 2021.

"Alguns optam por não ir a público": Patrick Radden Keefe, "The Bounty Hunter". *The New Yorker*, 24 de janeiro de 2022, p. 34.

"Postar no Facebook foi assustador": Melissa Allison, conversa telefônica com a autora, 10 de agosto de 2021.

"Tanta coisa aconteceu depois de sua dita última entrevista": Robert Schmuhl, conversa telefônica com a autora, 12 de janeiro de 2022.

"O Twitter é uma luz vermelha que pisca sem parar": Caitlin Flanagan, "You Really Need to Quit Twitter", *Atlantic.com*, 5 de julho de 2021.

"Vemos uma reação crescente": Maya Lothian-McLean, "I Built a Life on Oversharing – Until I Saw Its Costs, and Learned the Quiet Thrill of Privacy", *guardian.com*, 2 de maio de 2022.

"o divórcio é visto apenas como": Freya India, *spectator.com*, 10 de maio de 2022.

Capítulo 11

"Você não quer ser a mesma pessoa": Karen Joy Fowler, *Sister Noon* (Nova York: Putnam, 2001), p. 14.

"Sinceramente, acho que nunca desisti": Dickinson, conversa por telefone com a autora, 5 de novembro de 2021.

Falou, por exemplo, do domingo de Páscoa: Susan Stamberg, "Denied A Stage, She Sang For A Nation", *npr.org*, 9 de abril de 2014.

"Desistindo, você se coloca": Klotz, conversa telefônica com a autora, 8 de dezembro de 2021.

"Quando fui embora": Connie Schultz, conversa telefônica com a autora, 23 de agosto de 2021.

"Estava matando minha alma": Patty Bills, conversa telefônica com a autora, 28 de outubro de 2021.

"o telefone do dormitório tocou": Tim Bannon, conversa telefônica com a autora, 24 de agosto de 2021.

"Ao longo de minha vida, vi amigos não conseguirem": Julian Barnes, *The Only Story* (Nova York: Knopf, 2018), pp. 87-8.

"Desistir para fazer o quê?": Dr. Gaurava Agarwal, conversa telefônica com a autora, 4 de janeiro de 2022.

"Eu cheguei à estagnação em Stanford": Glen Worthey, conversa telefônica com a autora, 5 de setembro de 2021.

"ouvia o barulho dos caminhões de entrega": Margaret Renkl, *Late Migrations: A Natural History of Love and Loss* (Minneapolis: Milkweed, 2019), p. 113.

"Acho que a maior parte de minha felicidade": Renkl, p. 119.

"Desistir tem uma má reputação na vida": Derek Thompson, "What Quitters Understand About the Job Market", *atlantic.com*, 21 de junho de 2021.

"A flexibilidade não é um processo passivo": George Bonanno, *The End of Trauma: How the New Sciences of Resilience is Changing How We Think About PTSD* (Nova York: Basic Books, 2021), p. 16.

"A maioria das pessoas é resiliente": Bonanno, p. 18.

Sobre a autora

Julia Keller é vencedora do Prêmio Pulitzer e ex-crítica literária do *Chicago Tribune*. Fez doutorado na Universidade Ohio State e lecionou nas Universidades de Princeton, Chicago e Notre Dame. Foi premiada com uma bolsa Nieman na Universidade Harvard e jurada do Prêmio Pulitzer quatro vezes, além de colunista do *NewsHour* na PBS.

Em 2012, começou a escrever uma série de oito romances ambientada em seu estado natal, Virgínia Ocidental. O primeiro livro, *A Killing in the Hills* (St. Martin's), ganhou o Barry Award de Melhor Primeiro Romance e teve os direitos adquiridos para adaptação pela ABC Studios.

Julia também é autora de uma série de ficção especulativa, *The Dark Intercept Trilogy* (Tor), e *Back Home* (Egmont), um romance para jovens adultos, bem como uma biografia de Richard Jordan Gatling, inventor da Gatling Gun: *Mr. Gatling's Terrible Marvel: The Gun that Changed Everything and the Misunderstood Genius Who Invented It* (Viking).

Livros para mudar o mundo. O seu mundo.

Para conhecer os nossos próximos lançamentos
e títulos disponíveis, acesse:

🌐 www.**citadel**.com.br

f /**citadeleditora**

📷 @**citadeleditora**

🐦 @**citadeleditora**

▶ Citadel - Grupo Editorial

Para mais informações ou dúvidas sobre a obra,
entre em contato conosco pelo e-mail:

✉ contato@**citadel**.com.br